DO CONTRATO SOCIAL

DO CONTRATO SOCIAL

JEAN-JACQUES ROUSSEAU

TRADUÇÃO
Antônio P. Machado

ESTUDO CRÍTICO
Afonso Bertagnoli

EDITORA
NOVA
FRONTEIRA

Título original: *Du contrat social*

Editora Nova Fronteira Participações S.A.
Rua Candelária, 60 — 7º andar — Centro — 20091-020
Rio de Janeiro — RJ — Brasil
Tel.: (21) 3882-8200

Imagem de capa: Josse Fine Art — Josse Christophel / Diomedia

Dados Internacionais de Catalogação na Publicação (CIP)

R864c Rousseau, Jean-Jacques

Do contrato social / Jean-Jacques Rousseau; traduzido por Antônio P. Machado.; prefácio por Afonso Bertagnoli. – [Edição especial] – Rio de Janeiro: Nova Fronteira, 2022.
160 p.; 12,5 x 18 cm; (Clássicos para Todos)

Título original: *Du contrat social*

ISBN: 978-65-5640-568-1

1. Literatura francesa. I. Machado, Antônio P. II. Título.

CDD: 840
CDU: 821.133.1

André Queiroz – CRB-4/2242

Sumário

Livro Terceiro

Livro Quarto

A doutrina política de Rousseau

A doutrina de Rousseau acerca da sabedoria popular e do instinto de conservação de uma nação em meio à contínua mudança de sistemas políticos e de governos alertou a fé das multidões no seu futuro e nos seus direitos. Despertando no homem o orgulho de ser cidadão, animou a coesão do povo no ambiente caótico que se seguiu à queda da Bastilha:

"*AUX ARMES, CITOYENS!*" — dizia o hino inflamado de Rouget de l'Isle.

Foi, por certo, essa consciência que unificou o ideal pátrio em face das investidas reacionárias.

Do contrato social, declamado em seus trechos mais incisivos pela impetuosidade de Marat nos comícios populares, era como que o evangelho de todos os partidos que se digladiavam na Convenção.

Entretanto, os mais abalizados comentadores são concordes em afirmar que nada era mais contrário ao espírito de Rousseau do que o pensamento daqueles que, em 1793, acreditavam prismar em seu livro os fundamentos de uma constituição. Há quem afirme que se o genebrino vivesse nessa época teria sido uma das suas vítimas, como o foram Condorcet e tantos outros, sem contar os influenciados pelas suas doutrinas políticas, por certo bem menos harmoniosas do que o seu culto pela natureza.

Composto em 1762, este livro teve a sua gestação entrosada com a do *Emílio*, sendo o tema fundamental também evidente em *A nova Heloísa*, em que se opunha o amor e a natureza à "civilização". Combatendo pela afirmação da liberdade natural, inicia a obra dizendo que o homem nasceu livre e, estando, contudo, agrilhoado em toda parte. É o mesmo início que se depara no *Emílio*, em que se argumenta que tudo o que sai bem das mãos do autor de todas as coisas não tarda em degenerar entre os homens.

Do contrato social vale como a conclusão desses estudos, contendo, na afirmativa de Höffding, a exposição mais radical do direito natural; desenvolve de uma forma consequente a ideia de que "força não gera direito". É o pensamento básico do livro.

Em verdade, Rousseau tinha na retina, ao traçar o plano do mesmo, a visão de Genebra, sua terra natal; comparava-a a Atenas e a outras pequenas nações da antiguidade.

★ ★ ★

Contrato, no sentido em que o qualifica Rousseau, não tem a feição jurídica que lhe daria Portalis, para quem contrato é a convenção por meio da qual uma ou mais pessoas se comprometem, perante uma ou outras, a dar, a fazer, ou a deixar de fazer determinada coisa.

Em sentido mais filosófico, o contrato aparece como forma bilateral ou multilateral, incluindo compromissos recíprocos. O contrato social de Rousseau — também designado como pacto social — é o conjunto de convenções fundamentais que, ainda que nunca hajam sido formalmente enunciadas, resultam implícitas na vida em sociedade, sendo a sua fórmula a designada de que cada um de nós coloca em comum a pessoa em seu total poderio, sob a suprema direção da vontade geral; em consequência, recebemos, cada um, uma parte indivisível do todo comum.

O contrário do contrato — tido por Spencer como o tipo ideal de todas as relações sociais — é o STATUS ou STATAT SOCIAL, isto é, as relações legais que se estabelecem entre os homens pelo simples fato de pertencerem a determinada classe social ou de se encontrarem em tal situação (como as afinidades familiares), na qual a própria vontade não possa algo mudar.

Na filosofia contemporânea, assistimos, sobretudo no âmbito científico, à aproximação do contrato — na expressão que lhe empresta Renouvier — da conversão, consoante Poincaré. Assim como no pensamento de Rousseau, encontramos uma influência ponderável de Locke e não podemos excluir a do seu amigo Condillac.

Qual seria o quilate da eficiência de tais influências?

É evidente que em outras obras do vigoroso pensador, como nas de fundo educacional, haja uma unidade maior dessa absorção. Em que sentido, indagamos, *Do contrato social* é uma obra revolucionária?

A resposta, encontramo-la em um filósofo dos nossos dias: "Por observar o estado de natureza e o contrato original como normas possibilitadas a conhecer se a evolução é sã, quando não vista através de fatos históricos. Entretanto, privou-se Rousseau, tomando essas ideias como base, da possibilidade de olhar as coisas com sangue-frio. Se as empregou, isso resulta que, se por um lado, há muito, desde a Idade Média, já se haviam servido delas no que se denomina direito natural — em quanto nisso parecem tornar possíveis a clareza e a transparência, às quais por esses tempos se dava tanta importância — por outra parte, essa abstração conduzia em si mesma uma idealização que tornava bem mais patentes os defeitos do estado político e social existente. Utilizou-as Rousseau para tornar mais significativa a oposição entre a natureza e a sociedade."

As constantes referências a Pufendorff bem mostram o alicerce de suas ideias em matéria de direito natural; mas tudo era condicionado à sua fibra de cidadão de Genebra.

Consoante ao seu livro, toda intervenção do poder deve, para se justificar, constituir a vontade da nação, a expressão de um acordo exarado ou tácito. Daí a fórmula capital: por vontade do povo não se deve tomar a vontade de todos os indivíduos vivos em certa época (vontade de todos), mas sim a vontade que governa a vida da nação durante diferentes idades e transmutações (vontade geral). Um povo não pode alienar a sua autoridade, porquanto, em época alguma, aos indivíduos é facultado empenhar todo um povo, cuja vida nunca finaliza.

★ ★ ★

Afirmam diferentes críticos que há evidente exagero por parte dos historiadores acerca do caráter doutrinário do *Contrato social*, ainda que de suas expressões tivessem usado grandemente Robespierre e Saint-Just, como se fosse um catecismo de eternas verdades políticas que devessem ser transportadas diretamente à vida.

Contudo, no ocaso da existência, o próprio Rousseau assim se exprimia acerca do seu livro: "Aqueles que se gabam de compreendê-lo inteiramente são mais hábeis do que eu: é um livro para refazer; mas não tenho mais forças nem tempo para isso."

Com todas as suas deficiências, não se presta o mesmo a animar certas ideologias da direita e da esquerda, como pretendem alguns sociólogos superficiais. Pondera-se, com razão, que a ideia de um acordo entre indivíduos isolados, em pleno estado de natureza, seja demasiado artificial, sobretudo quando Rousseau empresta uma grande importância à unidade da vontade geral, diversa da vontade de todos; devemos, nesse caso, inquirir da fonte dessa vontade geral. A ideia de contrato — diz um comentarista — não dá uma resposta satisfatória a tal questão: "há algo de místico nessa vontade geral, que deve exprimir as mais íntimas aspirações de todo o povo, o qual é dirigido, no sentido dos interesses comuns, para o que possa assegurar o bem desse mesmo povo na sua totalidade e nos seus membros, através das gerações que passam."

Nos compêndios dos tratadistas de direito natural, como Bodin e Althusius, nos quais já se fazia distinção entre a feição de Estado e a de governo, pairava mais lucidez: só há uma forma para o Estado desde que a soberania exista, ausência que não se compreende na nação, sempre viva, enquanto as formas de governo são mutáveis.

Se percorrermos outros escritos de Rousseau, veremos que as suas ideias se mostravam desconexas em face de certos imperativos do progresso. Eram as mesmas desafetas à expansão da indústria e do comércio; o Estado deveria limitar as suas necessidades e aumentar os seus proventos; a divisão do trabalho importava ser reduzida ao mínimo para impossibilitar a escravidão; mas, em compensação, propugnavam para diminuir, no quanto possível, a desigualdade no Estado e para uma distribuição de impostos revestida da máxima equidade.

★★★

Do contrato social não foi escrito para ser aplicado aos grandes Estados, afirmava Saint-Marc Girardin; por outro lado, Desiré Nisard resumia-o em poucas palavras: uma pretensa convenção primitiva que só regulamenta direitos, um soberano que se compõe de todo mundo e se personifica em cada indivíduo, imortal e imutável, e que não pode abater-se nem ser exaltado perante os seus concidadãos.

Jules Lemaitre é impiedoso para com Rousseau na análise do *Contrato social*, dizendo ser de todos os seus livros, sob um modo sentencioso, o mais obscuro e caótico, tendo sido também, em continuidade, o mais funesto. Reconhece, contudo, a sua influência, dizendo que tal forma de governo, pelo visionário autor proposta ao uso de uma cidade de vinte mil almas e de 1.500 eleitores — e que logo após confessara tornar-se impraticável nessa mesma cidadezinha, renegando, por isso, o seu escrito de um modo furioso — a Revolução, trinta anos depois, adotaria como um evangelho, querendo-a impor a um povo de dez séculos e de 25 milhões de indivíduos. Essa experiência daria denominação a uma página enervante da história: o Terror.

★★★

Respigando *Do contrato social*, poderão encontrar-se aforismos que servem admiravelmente tanto a De Maistre e a Stirner como a Marx, isso se os tomarmos isoladamente.

Não se pode, todavia, deixar de reconhecer a extraordinária contribuição de Rousseau a doutrinas políticas de valor permanente. Desse modo, consagra o povo como fonte básica de toda autoridade política; proclama o bem comum como justo fim do governo; fortalece a opinião de que o Estado é um organismo social, fazendo-o depositário da consciência pública e da vontade geral; mantém a doutrina democrática de que a verdadeira base do dever político assenta na aquiescência; veicula a possibilidade de uma harmonia fundamental entre a liberdade e a autoridade.

Influenciou-se dele Thomas Paine no seu *Common Sense*, contribuindo para a emancipação dos Estados Unidos; consecutivamente, vigorou o livro no conteúdo ideológico da Revolução Francesa, como já afirmamos.

Rousseau não escondia as suas preferências por uma aristocracia eletiva: "As assembleias se formam mais comodamente, os negócios são bem discutidos, o expediente transcorre com maior ordem e diligência; o crédito do Estado será melhor sustentado perante o estrangeiro por veneráveis senadores do que por população desconhecida e desprezível."

Em uma palavra: é a ordem melhor e toda natural que os mais sábios governem a multidão, quando se tenha certeza que a governam em beneficio da mesma e não em proveito próprio. Mas em todos os tempos a multidão se inclina a ser iludida com as promessas que se projetam na esperança de impor a sua vontade; há sempre homens que as enunciam capciosamente para obter um mandato de opressão sobre a consciência da mesma.

Para Rousseau, como pondera Faguet, toda a decisão da maioria tem o caráter de um veto. Essa indicação é preciosa, mas perigoso se torna negligenciá-la, tanto mais que por muitas vezes se mostra incompatível com os fundamentos de uma legislação ou de uma política viável. A influência da doutrina política do genebrino foi imensa, bastando para consagrá-la a exercida sobre o pensamento de Kant; reconheceu-a Renouvier ao dizer que Rousseau tem, não raro, as suas contradições, porque fala como quem ama, mas, contudo, é o maior dos espíritos filosóficos do século XVIII. Ainda que, por vezes, não conseguisse tirar dos princípios enunciados em sua filosofia social as consequências que seriam viáveis, falhando na definição da liberdade individual e exagerando os direitos do Estado, soube batalhar pela afirmação da liberdade social que o seu século acrescentou à liberdade filosófica cartesiana.

Do contrato social contribuiu para que maior justiça e igualdade reinassem entre os homens. "Com Rousseau", disse o luminoso Goethe, "um mundo novo começa".

Afonso Bertagnoli

LIVRO PRIMEIRO

Pretendo indagar se na ordem civil pode haver alguma regra de administração legítima e segura, considerando os homens tais como são e as leis tais como podem ser. Tratarei de irmanar sempre nesta indagação o que permite o direito com o que o interesse prescreve, a fim de que a justiça e a utilidade se achem constantemente de acordo.

Entro na matéria sem demonstrar a importância do meu assunto. Perguntar-se-me-á, talvez, se sou príncipe ou legislador para escrever sobre política. Desde logo afirmo que não, e por isso mesmo o faço. Se fosse príncipe ou legislador, não perderia o tempo em dizer o que deve fazer-se. Efetuá-lo-ia, ou então, me calaria.

Nascido cidadão de um Estado livre, e membro da soberania do mesmo, qualquer que seja a débil influência que possa ter minha ingerência nos negócios públicos, o direito de votar basta para impor-me o dever de instruir-me nesses assuntos, feliz, sempre que medito acerca dos governos, de encontrar em minhas indagações novos motivos para amar o meu país.

Capítulo I
Assunto deste primeiro livro

O homem nasceu livre e, não obstante, está acorrentado em toda a parte. Julga-se senhor dos demais seres sem deixar de ser tão escravo como eles. Como se tem realizado esta mutação? Ignoro-o. Quem pode legitimá-la? Creio poder responder a esta questão.

Se eu não considerasse senão a força e o efeito dela derivados, diria: "Quando um povo obrigado a obedecer obedece, faz bem; assim como quando pode sacudir seu jugo, e o sacode, age ainda melhor, porque recobra a sua liberdade em virtude do mesmo direito que o oprime, ou tem-no para recuperá-lo, ou não existia para tirar-lha." Porém, a ordem social é um direito sagrado que serve de base a todos os demais. Não obstante, este direito não provém da Natureza; funda-se em convenções. Resta saber que convenções são estas. Antes de chegar a este ponto, devo estabelecer solidamente o que acabo de indicar.

Capítulo II
Sociedades primitivas

A mais antiga de todas as sociedades e a única natural é a da família. Os filhos, entretanto, não estão ligados ao pai senão o tempo que necessitam dele para a sua conservação. Assim que cessa esta necessidade, o liame natural desata-se.

Os filhos, isentos da obediência que devem ao pai, isento este dos cuidados que deve aos filhos, entram todos igualmente em independência. Se continuam unidos, não é natural, senão voluntariamente, e a própria família não se sustém senão por convenção.

Esta liberdade comum é uma consequência da natureza do homem. Sua primeira lei é a de velar pela sua própria conservação;

seus primeiros cuidados são os que deve a si mesmo, e, uma vez na idade da razão, sendo ele o juiz dos meios adstritos à sua conservação, fica, por isso, senhor de si mesmo.

A família é, pois, se se quiser, o primeiro modelo das sociedades políticas; o chefe é a imagem do pai, o povo é a dos filhos, e, tendo nascido todos igualmente livres, não alienam a sua liberdade senão em proveito da própria utilidade. Esta diferença consiste em que na família, o amor do pai pelos filhos é recompensado com o cuidado que estes lhe dedicam, enquanto, no Estado, o prazer de mandar substitui este amor que o chefe não sente para com os seus súditos.

Grócio nega que todo poder humano seja estabelecido em proveito dos governadores e cita, em abono da sua opinião, a escravidão. Sua habitual maneira de raciocinar é estabelecer sempre o direito pelo fato.[1] Poder-se-ia empregar um método mais consequente, porém, não mais favorável aos tiranos.

É, pois, duvidoso, segundo Grócio, raciocinar se a humanidade pertence a uma centena de homens, ou se esta centena de homens pertence à humanidade, e parece inclinar-se em todo o seu livro, à primeira opinião. Este é também o modo de pensar de Hobbes. Vede, pois, dividida assim a espécie humana em rebanhos, cada um dos quais tem um chefe que o conserva para devorá-lo.

Assim como um pastor é de uma natureza superior à do seu rebanho, os pastores de homens, seus chefes, são também de natureza superior à de seus povos. Assim pensava, a respeito de Filão, o imperador Calígula, concluindo facilmente desta analogia que os reis eram deuses ou que os povos eram animais. O raciocínio de Calígula vem a ser o mesmo de Hobbes e o de Grócio. Aristóteles, antes deles, dissera[2] que os homens não são naturalmente iguais, mas que uns nascem para a escravidão e outros para o domínio. Aristóteles tinha razão, porém tomava o efeito como causa. Todo homem nascido na escravidão fica escravo, nada mais certo. Os escravos perdem tudo sob o jugo de seus grilhões, até o desejo de rompê-los. Amam sua servidão como os companheiros de Ulisses amavam seu próprio embrutecimento.[3] Se existem, pois escravos por natureza, é porque os há contra a natureza. A força fez os primeiros escravos, sua covardia os perpetuou.

Nada tenho dito do rei Adão, nem do imperador Noé, pai de três grandes monarcas que dividiram para si o Universo, como fizeram os filhos de Saturno que se pretendeu personificar neles. Estou certo de que serei perdoado por estas ponderações, embora descendente direto de um desses príncipes, e possivelmente do primeiro, não teria eu o legítimo título de rei da estirpe humana? De qualquer modo, é preciso concordar que Adão foi soberano do mundo, como Robinson da sua ilha, enquanto foi nela seu único habitante, e o que havia de cômodo nesse império era que o monarca, seguro sobre o trono, não tinha que recear rebeliões, conspiradores ou guerras.

Capítulo III
O direito do mais forte

O mais forte nunca o é bastante para ser sempre o amo, se não transformar sua força em direito e a obediência em dever. Daí, o direito do mais forte, direito tomado ironicamente em aparência, e realmente estabelecido em princípio. Entretanto, jamais se nos explicará esta palavra? A força é um poder físico; não vejo que moralidade pode resultar dos seus efeitos. Ceder à força é um ato de necessidade, não de vontade; é, entretanto, um ato de prudência. Em que sentido poderá ser um dever?

Suponhamos por um momento este pretenso direito. Dele não resulta senão uma confusão inexplicável; pois, desde que é a força que gera o direito, o efeito varia com a causa: toda força que sobrepuja a inicial virá por sua vez substituí-la. Assim, como se pode desobedecer impune e legitimamente, posto que o mais forte tem sempre razão, não se trata de fazer outra coisa mais do que chegar a sê-lo. Entretanto, será que um direito perece quando a força cessa? Se devemos obedecer pela força, não é necessário fazê-lo por dever, contudo, não somos forçados, não estamos obrigados à obediência. Vemos, pois, que a palavra *direito* não acrescenta nada à força, sendo completamente inexpressiva.

Obedecei aos poderios. Se isto quer dizer ceder à força, o preceito é bom, porém supérfluo; desde logo afirmo que jamais será violado. Todo poder vem de Deus, confesso-o, porém pelo fato de toda enfermidade vir dele, quer isto dizer, então, que não se deva chamar o médico? Se um bandido me assaltar em plena floresta, não somente será preciso dar-lhe pela força a bolsa, senão que, embora pudesse evitar de dá-la, estaria obrigado a dar-lha? Porém em último recurso sua pistola é também um poder. Convenhamos, pois, em que a força não constitui um direito e que não somos obrigados a obedecer senão aos poderes legítimos. Assim, repete-se sempre minha primeira questão.

Capítulo IV
Da escravidão

Posto que nenhum homem tem autoridade sobre seus semelhantes, e desde que a força não produz direito, ficam as convenções como base de toda autoridade legítima entre os homens.

Se um particular, disse Grócio, pode dispensar sua liberdade e fazer-se escravo de um senhor, por que todo um povo não poderá dispensar a sua e fazer-se súdito de um rei? Temos aqui muitas palavras ambíguas que necessitam uma explicação, porém escolhamos esta: *alienar.* Alienar é dar ou vender. Um homem que se faz escravo de outro não se dá, vende-se, pelo menos para a sua subsistência: mas um povo, por que se vende? Longe de subministrar a subsistência aos seus súditos, o rei tira a sua deles e, segundo Rabelais, um rei não necessita pouco para viver. Os súditos dão-lhe, pois, a sua pessoa, certo de que o mesmo zelará por eles? Não vejo o que lhes resta para si próprios.

Dir-se-á que o déspota assegura aos seus súditos tranquilidade civil. Será, porém, que ganharão se as guerras que a sua ambição provoca, se sua insaciável avidez, se os vexames do seu ministério o arruínam mais do que o fariam suas dissensões? Que ganham se essa mesma tranquilidade é uma das suas misérias? Vive-se tranquilo nos calabouços, e será isso o bastante para sentir-se bem neles? Os gregos encerrados no antro do Ciclope, viviam nele tranquilamente esperando a hora de serem devorados.

Dizer que um homem se entrega gratuitamente é dizer coisa absurda e inconcebível. Tal ato é ilegítimo e nulo somente pelo fato de que aquele que o realiza não está de juízo perfeito. Dizer o mesmo de todo um povo, é supô-lo composto de mentecaptos, e a loucura não constitui direito.

Mesmo quando cada um de nós pudesse alienar-se, não poderia alienar seus filhos: eles nascem homens e livres, sua liberdade lhes pertence e ninguém, senão eles, pode dispor dela. Antes de chegar à idade da razão, o pai pode, em seu nome, estipular as condições de sua conservação, do seu bem-estar, porém, não dá-los irrevogável e incondicionalmente, porque um dom semelhante contraria os fins da natureza e sobrepuja os limites da finalidade paternal. Seria, pois, preciso para que um governo arbitrário fosse legítimo, que, em cada geração o povo fosse dono de aceitá-lo ou de rejeitá-lo; porém, então o governo não seria arbitrário.

Renunciar à liberdade é renunciar à qualidade de homem, aos direitos de humanidade e mesmo aos próprios deveres. Não há indenização possível para aquele que renuncia a tudo. Tal renúncia é incompatível com a natureza do homem, é privar de toda moralidade os próprios atos e de toda liberdade a vontade. Enfim, é uma convenção vã e contraditória estipular por um lado uma autoridade absoluta, doutro, uma obediência sem limites. Será evidente que não se está obrigado a nada para com aquele de quem se pode exigir tudo? E esta condição, sem equivalência, não representa em si a nulidade de ação? Mas, que direito é o meu, e este meu direito contra minha pessoa, não será uma palavra vazia e sem sentido?

Grócio e os outros tiram da guerra diferente origem do pretenso direito de escravidão. Tendo o vencedor, a seu modo de ver, direito de matar ao vencido, pode este salvar a própria vida à custa da liberdade, convênio tácito tanto mais legítimo quanto que redunda em proveito de ambos.

Mas é claro que este pretenso direito de matar aos vencidos não resulta, de modo algum, do estado de guerra, porque os homens, vivendo em sua primitiva independência, não têm entre si relação suficientemente constante para constituir nem o estado de paz, nem o de guerra, nem são naturalmente inimigos. Não é este o estado dos homens, mas o das coisas, o que constitui a guerra, e este estado não pode nascer das simples relações pessoais, porém somente das relações reais. A guerra privada, ou de homem para homem, não pode existir, nem no estado natural, em que não há propriedade constante, nem no estado social, em que tudo está debaixo da autoridade das leis.

Os combates particulares, os duelos, as pendências, são atos que não constituem um estado. E à semelhança das guerras privadas, autorizadas por Luís IX, rei da França, e suspensas pela paz de Deus, são abusos do poder feudal, sistema absurdo, se de fato algum existiu, contrário aos princípios do direito natural e a toda boa política.

A guerra não é, pois, uma relação de homem a homem, mas sim de Estado a Estado, na qual os particulares não são inimigos senão acidentalmente, não como homens, e sim como cidadãos,[4] ou como soldados, não como membros da pátria, mas como seus defensores. Em suma, um Estado não pode ter por inimigos senão outros estados e não homens, considerando que entre coisas de natureza diversa não pode existir relação alguma.

Este princípio está de acordo com as máximas estabelecidas em todos os tempos e a prática de todos os povos bem regidos. As declarações de guerra são menos advertências às potências que aos seus súditos. O estrangeiro, seja rei, seja particular, seja povo que rouba, mata ou aprisiona os súditos, sem declarar guerra ao príncipe, não é um inimigo, é um salteador. Ainda, quando em plena guerra, um príncipe justo se apodera de tudo o que pertence ao povo, porém, respeita as pessoas e os bens dos particulares, respeita os direitos sobre os quais os seus se baseiam. Sendo o fim da guerra a destruição do Estado inimigo, tem-se o direito de matar os defensores quando estejam de armas na mão, porém, uma vez elas entregues e eles rendidos, deixam de ser adversários e instrumentos do inimigo, transformando-se simplesmente em homens sobre cuja vida não há direito algum. Às vezes pode ferir-se mortalmente ao Estado sem ferir a um só de seus membros. Ademais, a guerra não faculta direito algum que não seja necessário para o seu fim. Estes princípios não são os de Grócio e não se fundamentam na autoridade dos poetas, derivam porém da natureza das coisas e se baseiam na razão.

Com referência ao direito de conquista, não há outro fundamento além da lei do mais forte. Se a guerra não dá ao vencedor o direito de massacrar os povos vencidos, este direito, que ele não possui, não o autoriza a escravizá-los.

Não se tem o direito de matar o inimigo senão quando não se pode escravizá-lo. Por conseguinte, o direito de torná-lo escravo não procede do de matá-lo. É iníquo fazer-lhe comprar a preço da própria liberdade uma vida sobre a qual não se tem nenhum direito. Estabelecendo o direito de vida e morte sobre o de escravidão e o de escravatura sobre o de vida e morte, não será, portanto, claro que caímos num círculo vicioso?

Supondo, ainda, este terrível direito de matar a todos eles, afirmo que um escravo feito em guerra, ou em terra conquistada, não tem outra obrigação para com o seu senhor senão a de obedecê-lo enquanto estiver forçado a isso. Tomando para si um equivalente à sua vida, o vencedor não o agraciou com ela, mas em vez de matá-lo sem proveito, matou-o utilmente. Longe, pois, de ter adquirido sobre ele a autoridade que se une à força, o estado de guerra subsiste entre eles como antes. Essa relação é consequência dela, e o uso do direito da guerra não supõe tratado algum de paz. Fizeram um convênio, seja; porém, este convênio, longe de destruir o estado de guerra, supõe sua continuação.

Assim, de qualquer lado que se considerem as coisas, direito de escravidão é nulo, não somente porque é ilegítimo, senão porque é absurdo e nada significa. As palavras *escravatura* e *direito* são contraditórias, e, por conseguinte, excluem-se mutuamente. Quer seja de um homem a outro homem, quer haja de um homem a um povo, este raciocínio será sempre igualmente insensato: *"Estabeleço contigo uma convenção, toda a teu cargo e tudo em meu proveito, que observarei durante o tempo que me aprouver, enquanto tu o cumprirás durante o tempo que me convier."*

Capítulo V
De como se torna necessário remontar-se a uma primeira convenção

Ainda que eu concordasse com tudo quanto reprovei até aqui, os partidos do despotismo não seriam mais adiantados. Existirá grande diferença entre submeter uma multidão e reger uma sociedade. Se homens dispersos são sucessivamente submetidos a um só, qualquer que seja seu número, não vejo aqui senão um senhor e seus escravos. Não vejo um povo e seu chefe e isto será, quando muito, um agrupamento, porém, nunca uma associação. Nela não existe nem o benefício público, nem o corpo político. Este homem, mesmo que escravizasse meio mundo, seria sempre um simples particular. Seu interesse, isolado do dos outros, não será mais que um interesse privado. Se este mesmo indivíduo perecer, seu império, depois dele, ficará disperso e sem laço de união, como o azinheiro que se desmancha e cai feito cinzas depois que o fogo o consumiu.

Um povo, disse Grócio, pode submeter-se a um rei. Segundo Grócio, um povo é povo mesmo antes de submeter-se a um rei. Este dom é um ato civil e supõe uma deliberação pública. Antes, pois, de examinar o fato pelo qual um povo elege um rei, será útil examinar o ato pelo qual um povo é um povo, porque sendo este ato necessariamente anterior ao outro, constitui o verdadeiro fundamento da sociedade.

De fato, se não houvesse convênio anterior, onde estaria, a não ser que a eleição não fosse unânime, a obrigação para a minoria de submeter-se à eleição da maioria e donde resulta o direito de cem que querem um chefe votarem por dez que não o querem? A lei da pluralidade nos sufrágios é por si só o estabelecimento de uma convenção, e supõe, pelo menos uma vez, a unanimidade.

Capítulo VI
Do pacto social

Suponho aos homens terem chegado a um ponto em que os obstáculos que atentam a sua conservação no estado natural excedem, pela sua resistência, as forças que cada indivíduo pode empregar para manter-se nesse estado. Então este estado primitivo não pode subsistir, e o gênero humano pereceria se não mudasse de modo de ser.

Pois bem, como os homens não podem engendrar novas forças, senão somente unir e dirigir as existentes, não têm outro recurso para sua conservação além de formar por agregação de uma soma de forças que possa sobrepujar a resistência, pô-las em jogo para um só móvel e fazê-las agir conjuntamente.

Esta soma de forças não pode nascer senão do concurso de muitas; porém, sendo a força e a liberdade de cada homem os primeiros instrumentos de sua conservação, como poderá combiná-las sem destruí-las e sem esquecer os seus cuidados? Essa dificuldade pode enunciar-se nestes termos:

"Encontrar uma forma de associação que defenda e proteja a pessoa e os bens de cada associação de qualquer força comum, e pela qual, cada um, unindo-se a todos, não obedeça, portanto, senão a si mesmo, ficando assim tão livre como dantes." Tal é o problema fundamental que o *Contrato social* soluciona.

As cláusulas deste contrato determinam-se em tal forma pela natureza do ato, que a menor modificação as tornaria vãs e de nenhum efeito, de sorte que, embora não tenham sido nunca anunciadas, são elas sempre as mesmas, embora tacitamente aceitas e reconhecidas até que, violado o pacto social, cada qual entra de novo na posse de seus primitivos direitos e recupera sua liberdade natural, perdendo a convencional em virtude daquela que renunciou.

Estas cláusulas, bem entendidas, reduzem-se a uma só, a saber: a alienação total de cada associado com todos os seus direitos a favor de toda a comunidade, porque primeiramente, entregando-se cada qual por inteiro, a condição é igual para todos, e, por conseguinte, sendo esta condição idêntica para todos, nenhum tem interesse em fazê-la onerosa aos outros. Ademais, verificando-se a alienação sem reserva, a união é tão perfeita quanto possível e nenhum associado tem direito a reclamar, porque se restassem aos particulares alguns direitos, como não haveria superior comum que pudesse sentenciar contra eles e o público, sendo cada qual, em certo ponto, seu próprio juiz, pretenderia sê-lo em tudo. O estado natural subsistiria e a associação degeneraria necessariamente em tirânica ou vã.

Submetendo-se cada um a todos, não se submete a ninguém em particular, e como não há um associado sobre o qual não se adquira o mesmo direito que se cede sobre si próprio, ganha-se a equivalência de tudo o que se perde e maior força para conservar a que se possui.

Se, pois, se desligar do pacto social o que não é nele essencial, ver-se-á que fica reduzido aos seguintes termos: "Cada um de nós põe sua pessoa e poder sobre uma suprema direção da vontade geral, e recebe ainda cada membro como parte indivisível do todo."

Naquele instante, no lugar da pessoa particular de cada contratante este ato de associação produz um corpo moral e coletivo, composto de tantos membros como a assembleia de votantes, o qual recebe deste mesmo ato sua unidade, seu *eu* comum, sua vida e sua vontade. Esta pessoa pública que se forma assim pela união de todas as outras, recebeu antes o nome de *cidade* e agora recebe o de *república* ou de *corpo político,*[5] chamado por seus membros *Estado,* quando é passivo; *soberano,* quando é ativo, *poder,* comparando-o com seus semelhantes.[6] Porém estes termos se confundem frequentemente e tomam-se uns pelos outros. Basta saber distinguir quando são empregados em sua verdadeira acepção.

Capítulo VII
Do soberano

Vê-se, por esta fórmula, que o ato de associação encerra uma conexão recíproca do público com os particulares e que contratando cada indivíduo, por assim dizer, consigo mesmo, acha-se ligado sob um duplo aspecto, a saber: como membro do Estado para com o soberano. Porém não se pode aplicar aqui a regra do Direito Civil segundo a qual ninguém se obriga para consigo mesmo, porque é diferente obrigar-se para consigo mesmo e obrigar-se para com um todo de que se faz parte.

Devo salientar ainda que a deliberação pública, que pode obrigar a todos os súditos para com o soberano, por causa dos dois diferentes pontos de vista sob os quais cada um — encarado, não pode, pela razão contrária, obrigar ao soberano para consigo mesmo, e que, por conseguinte, é contra a natureza do corpo político que o soberano se imponha uma lei que não pode cumprir. Não podendo ser considerado senão sob um único e semelhante aspecto, está no caso de um simples particular contratando consigo mesmo, por onde se vê que não existe nem pode haver espécie alguma de lei fundamental obrigatória para a corporação do povo, nem mesmo o contrato social. Isso não significa que este corpo não possa obrigar-se para com outrem no que não derrogue este contrato, porque, relativamente ao estrangeiro, vem a ser um indivíduo ou um simples ser.

Porém, não tirando o corpo político ou soberano sua essência senão da santidade do contrato, jamais pode obrigar-se, nem ainda para com outros, a nada que venha revogar este ato primitivo, como, por exemplo, alienar uma parte de si próprio, ou submeter-se a outro soberano. Violar o ato pelo qual ele existe, seria anular-se e, o que nada é, nada produz.

Reunida assim esta multidão num corpo, não se pode ofender a um dos membros sem atacar o corpo, e muito menos ofender o corpo sem que os seus membros se ressintam disso. Assim o dever e o interesse obrigam igualmente as duas partes contratantes a auxiliar-se mutuamente, e os mesmos homens devem procurar reunir, sob este duplo aspecto, todas as vantagens que deles derivam.

Estando formado o soberano pelos particulares que o compõem, não pode ter interesse contrário ao deles. Por conseguinte, o poder soberano necessita garantia para os súditos, porque é impossível que o corpo prejudique aos membros em geral, e logo poderemos verificar que não pode prejudicar a ninguém em particular. O soberano, somente pelo fato de sê-lo, é sempre o que deve ser.

Porém não se dá o mesmo dos súditos para com o soberano, ao qual, apesar do interesse comum, nada garante o cumprimento de seus deveres se não encontra o meio de assegurar a sua fidelidade.

De fato, cada indivíduo pode, como homem, ter uma vontade própria, contrária ou diferente da vontade geral que tem como cidadão. Seu interesse particular pode orientá-lo em modo diferente do interesse comum. Sua existência absoluta e naturalmente independente, pode fazer-lhe observar o que deve à causa comum, como uma contribuição gratuita, cuja perda será para os outros menos sensível do que o pagamento oneroso seria para ele, e considerando a pessoa moral que constitui o Estado como um ente racional, porque não é um homem, desfrutará dos direitos de cidadão sem querer preencher os deveres de súdito, injustiça esta cujo progresso ocasionaria a ruína do corpo político.

Para que, pois, o pacto social não seja uma fórmula vã, deve encerrar tacitamente esta obrigação: só ele pode dar força aos outros, sendo aquele que recusar obedecer à vontade geral compelido a isso por todos, o que não significa outra coisa senão que se lhe obrigará a ser livre, porque tal é a condição que, oferecendo cada cidadão à pátria, esta o garante de toda dependência pessoal, natureza que constitui o artifício da máquina política e que legitima as relações civis, as quais sem ela seriam absurdas, tirânicas e sujeitas aos maiores abusos.

Capítulo VIII
Do estado civil

A transição do estado natural ao civil produz no homem mudança notável, substituindo em sua conduta a justiça do instinto e dando aos seus atos a moralidade de que antes careciam. Somente então, substituindo a voz do dever ao impulso físico e o direito do apetite, o homem que, até tal ponto, não observava senão a si mesmo, vê-se obrigado a agir, tendo em conta outros princípios e a consultar sua razão antes de atender a caprichos. Por mais que se prive neste estado de muitas vantagens da natureza, recebe outras tão consideráveis: suas faculdades exercitam-se e desenvolvem-se, suas ideias ampliam-se, seus sentimentos enobrecem-se, sua alma inteira eleva-se a tal ponto que, se o abuso desta nova condição não o degradasse às vezes, deveria agradecer sem cessar o ditoso instante que o abandonou para sempre e que de animal estúpido e deficiente converteu-o em ser inteligente e em homem.

Limitemos tudo isso a termos fáceis de comparar. O que o homem perde pelo contrato social é sua liberdade natural e um direito ilimitado a tudo o que lhe diz respeito e pode alcançar. O que ele ganha é a liberdade civil e a propriedade de tudo o que possui. Para compreender bem estas compensações, é necessário distinguir a liberdade natural, que não tem outros limites a não ser as forças individuais, da liberdade civil, limitada esta pela vontade geral, e a posse, consequência unicamente da força ou direito do primeiro ocupante, da propriedade que só pode fundamentar-se num título positivo.

Poder-se-á, sobre o que precede, acrescentar ao que se adquire com o estado civil, a liberdade moral, que faz o homem verdadeiramente dono de si próprio, porque o impulso dos apetites é a escravidão, e a obediência à lei que a cada um de nós se prescreve constitui a liberdade. Porém eu me prolonguei demasiadamente neste capítulo, e o sentido filosófico da palavra liberdade não é aqui oportuno.

Capítulo IX
Do domínio real

Cada membro da comunidade se entrega a ela no instante em que a mesma se forma, tal como ele se acha naquele momento, ele e todas as suas forças, das quais participam também seus bens.

E não é que por este fato a posse mude de natureza mudando de mãos, e sua propriedade se transforma na do soberano, porém, como as forças da cidade são incomparavelmente maiores do que as de um particular, a posse pública é também, de fato, mais forte e irrevogável, sem ser mais legítima, pelo menos para os estrangeiros, porque o Estado, com referência a seus membros, é senhor de todos os bens pelo contrato social que, nele, serve de base a todos os direitos, não sendo com referência aos outros poderes senão pelo direito de primeiro ocupante, que resulta dos particulares.

O direito de primeiro ocupante, embora mais real que o do mais forte, não significa um verdadeiro direito, senão depois de estabelecido o da propriedade. Todo homem tem naturalmente direito a tudo quanto necessita, porém o ato positivo que o faz proprietário de algum bem o exclui do resto. Feita sua partilha, deve limitar-se a ela e não tem mais direito à comunidade. Vede por que o direito do primeiro ocupante, tão frágil em seu estado natural, é respeitável para todo homem civil. Neste direito, respeita-se menos o que é dos outros que aquilo que nos pertence.

Em geral, para autorizar num terreno qualquer o direito do primeiro ocupante devem existir as condições seguintes: primeiramente, que este terreno não esteja habitado por outra pessoa, em segundo lugar, que não se ocupe nele senão a extensão necessária para subsistir, e em terceiro é preciso que se tome posse dele, não mediante uma vã cerimônia senão pelo trabalho e cultivo, único indício de propriedade que, na falta de títulos jurídicos, deve ser respeitado.

Realmente, conceder à necessidade e ao trabalho, o direito do primeiro ocupante, não é levá-lo tão longe como pode ir? Pode limitar-se este direito? Bastará pôr o pé num terreno para julgar-se senhor dele? Bastará expulsar dele os homens, por meio da força, para tolher-lhes o direito à volta? Como um homem ou um povo poderá apropriar-se de um território imenso e privar dele a todos os que o habitam sem cometer uma usurpação punível, quando, assim procedendo, tira aos outros homens o socorro e os alimentos que a natureza deu a todos? Quando Nuñez de Balboa tomou posse do mar do Sul e de toda a América Meridional, em nome da Coroa de Castela, bastou isto para desapossar seus habitantes e excluir a todos os príncipes do mundo? Com este procedimento, tais cerimônias multiplicavam-se vãmente porque o rei católico, fechado em seu gabinete, não tinha mais que declarar-se, de uma vez, senhor do Universo, excluindo seguidamente desse império as terras antes possuídas pelos outros soberanos.

Percebe-se de que modo, reunidas e contíguas, as terras dos particulares constituem o território público e como o direito de soberania se estende dos súditos ao território que ocupam este vem a ser ao mesmo tempo real e pessoal, o que coloca os seus possuidores numa grande dependência, tornando-se, pela sua própria força, garantia de sua felicidade.

Parece que isto não foi bem compreendido pelos antigos monarcas que, intitulando-se reis dos persas, dos citas, dos macedônios, pareciam considerar-se chefes dos homens mais do que senhores do país. Os de hoje, chamam-se mais habilmente reis da França, da Espanha, da Inglaterra etc. Denominando assim o território, estão *certos* de dominarem também os seus habitantes.

O que há de singular nesta alienação é que, longe de aceitar os bens dos particulares, a comunidade deles os despoja, não fazendo mais do que lhes assegurar a legítima posse, transformando a usurpação num verdadeiro direito e desfruto da propriedade. Então, os possuidores são considerados depositários dos bens públicos, respeitados os seus direitos por todos os membros do Estado e defendidos com todas as forças contra estrangeiros, por uma cessão vantajosa ao público e, ainda mais, a si próprios, têm, por assim dizer, adquirido o que deram. Esse paradoxo explica-se facilmente pela diferenciação dos direitos que o soberano e o proprietário têm sobre os mesmos bens, como se verá depois.

Também pode ocorrer que os homens começam a unir-se antes de possuir alguma coisa, e que, apropriando-se de um terreno suficiente para todos eles, desfrutem-no em comum, ou dividam-no entre si, quer em porções iguais, quer em virtude das divisões feitas pelo soberano. Seja qual for a maneira por que se fizer esta aquisição, o direito que cada particular tem sobre sua propriedade está sempre subordinado ao direito que a comunidade tem sobre todos. Sem isso, não haveria solidez no vínculo social, nem força real no exercício da soberania.

Terminarei este capítulo e este livro fazendo uma observação que deve servir de base a todo sistema social. Quero referir-me que, longe de destruir a igualdade natural, o pacto fundamental substitui, pelo contrário, uma igualdade moral e legítima no que a natureza deu de desigualdade física aos homens que, podendo ser desiguais em força ou engenho, tornam-se, por convenção e de direito, iguais.[7]

LIVRO SEGUNDO

Capítulo I
A soberania é inalienável

A primeira e mais importante consequência dos princípios anteriormente estabelecidos é que somente a vontade geral pode por si só dirigir as forças do Estado, segundo o fim de sua instituição, que é o bem comum, porque se a oposição dos interesses particulares tornou necessário o estabelecimento das sociedades, a analogia desses mesmos interesses o fez possível. É o que há de comum nesses diferentes interesses que forma o laço social, e se não houvesse algum ponto em que todos os interesses estivessem de acordo, nenhuma cidade poderia existir. Assim, unicamente, em atenção a este interesse comum, deve ser a sociedade governada.

Afirmo, pois, que não sendo a soberania senão o exercício da vontade geral, não pode alienar-se, e ainda que seja o soberano, que é o ser coletivo, não pode representar-se senão por si mesmo, podendo o poder ser transmitido, porém, não a vontade.

Com efeito, se não é impossível que uma vontade particular concorde, em algum ponto, com a vontade geral, é impossível pelo menos que este acordo seja duradouro e constante, porque a vontade particular tende, por sua natureza, às preferências e a vontade geral à igualdade. Mais impossível ainda é ter-se uma garantia desta conformidade que, embora exista sempre, não será por efeito da arte senão da casualidade. O soberano pode dizer: "Quero atualmente o que quer tal homem, ou, pelo menos, o que ele disse que quer", porém, não pode dizer: "O que esse homem desejará amanhã, desejo-o eu hoje", posto que é absurdo que a vontade se ligue ao porvir submetendo-se de antemão à vontade individual. Se o povo promete simplesmente obedecer, dissolve-se por este ato, perdendo sua qualidade de povo: desde o momento que tem um amo, não há mais soberania, e o corpo político fica destruído.

Não quer isto dizer que as ordens dos chefes não podem passar por vontades gerais, sendo que o soberano, dono de se opor, não o faz. Em semelhante caso de silêncio universal, deve-se presumir o consentimento do povo. Isto se explicará mais adiante.

Capítulo II
A soberania é indivisível

Pela mesma razão que a soberania é inalienável, é indivisível, porque a vontade é ou não geral:[8] é a de todo o povo ou a de uma parte dele. No primeiro caso, esta vontade declarada é um ato de soberania e faz lei, no segundo, é simplesmente uma vontade particular, um ato de magistratura, ou, quando muito, um decreto.

Porém nossos políticos, não podendo dividir a soberania em seu princípio, dividem-na, quanto a seu objeto, em força e vontade, em poder legislativo e em poder executivo, em direitos de impostos, de justiça e de guerra, em administração interna e no poder de tratar com o estrangeiro: às vezes confundem todas essas partes, separando-as das outras, fazendo da soberania um ser fantástico, formado de diversas peças. É como se construíssem um homem com muitos corpos, nos quais um somente tivesse os olhos, outro os braços e outro os pés. Os charlatães do Japão, afirma-se, decepam uma criança à vista dos espectadores, em vários pedaços, e depois, atirando ao ar um a um, todos os membros, fazem voltar à criança, viva e inteira. Tais são aproximadamente os jogos mágicos de nossos políticos depois de terem desmembrado o corpo social por uma artimanha digna de um circo: juntam as peças sem sabermos como.

Este erro resulta do fato de carecerem de noções exatas acerca da autoridade soberana e por terem tomado como partes desta autoridade as que não são mais do que suas emanações. Assim, por exemplo, têm considerado o ato de declarar a guerra e o de tratar da paz como atos de soberania, quando não são tais, posto que cada um deles não é uma lei mas somente uma aplicação dela, um ato particular que determina o caso da lei, como veremos com clareza quando fixarmos a ideia da palavra *lei*.

Prosseguindo no exame das outras divisões, resultará que sempre que se julga encontrar a soberania dividida, existe um grande erro, que, também, os direitos considerados como partes desta soberania lhe estão subordinados e supõem sempre vontades supremas das quais estes direitos dão apenas a sua execução.

Não é tão fácil explicar até que ponto esta falta de exatidão envolveu nas trevas as decisões dos autores em matéria de Direito Político, quando quiseram julgar os direitos respectivos dos reis e dos povos, segundo os princípios por eles estabelecidos. Qualquer um pode ver nos capítulos III e IV do primeiro livro de Grócio, como este sábio e seu tradutor Barbeyrac se equivocam e confundem em seus próprios sofismas, temerosos de dizer demasiado ou de não dizer coisa alguma, ao seu modo de ver, e de fazer produzir um choque entre os interesses que procuravam conciliar. Grócio, refugiado na França, descontente de sua pátria e querendo adular Luís XIII, a quem é dedicado seu livro, não desprezava argumento para despojar aos povos de todos os seus direitos, revestindo com eles os reis com a maior arte possível. Teria sido também este o prazer de Barbeyrac, que dedicava a sua tradução ao rei da Inglaterra, Jorge I. Infelizmente, porém, a expulsão de Jaime II, que ele chama abdicação, forçou-o a guardar a maior prudência, e torcer e tergiversar o texto, para não fazer de Guilherme um usurpador. Se estes dois escritores tivessem adotado os verdadeiros princípios, salvariam todas as dificuldades e teriam sido sempre consequentes, porém, então, teriam confessado tristemente a verdade, fazendo a corte só ao povo. A verdade, convenhamos, não conduz à fortuna e ao povo, por sua vez, não faculta embaixada, sedes ou pensões.

Capítulo III
Se a vontade geral pode errar

Deduz-se do que antecede que a vontade geral é sempre reta e tende constantemente à utilidade pública, porém não quer isto dizer que as deliberações do povo tenham sempre a mesma retidão. Quer o povo a todo momento seu bem, porém frequentemente é enganado. Somente então é que parece querer seu mal.

Há, às vezes, diferença entre a vontade de todos e a vontade geral: esta atende só ao interesse comum, enquanto a outra olha o interesse privado, e não é senão uma soma de vontades particulares. Porém, tirando estas mesmas vontades, que se destroem entre si,[9] resta para soma dessas diferenças a vontade geral.

Se quando, informado suficientemente, o povo delibera, não tivessem os cidadãos qualquer comunicação entre eles, da grande quantidade de pequenas diferenças resultaria sempre a vontade geral e a deliberação seria sempre boa. Mas quando se formam pandilhas e associações parciais à custa da totalidade, a vontade de cada uma dessas associações se transforma em respeito geral aos membros que as compõem e, em particular, com referência ao Estado. Pode-se então dizer que não há tantas vontades quanto homens, senão como associados: as diferenças são menos numerosas, dando um resultado menos geral. Finalmente, quando uma destas associações é tão grande que sobrepuja as outras todas, não resulta daí uma soma de pequenas diferenças, senão uma diferença única. Então não existe vontade geral, e as resoluções tomadas representam somente um acordo particular.

Importa, pois, para bem representar a vontade geral, que não exista sociedade parcial no Estado, e que cada cidadão não tenha outra opinião além da própria:[10] tal foi a única e sublime instituição do grande Licurgo. Convém, se existem sociedades parciais, multiplicar seu número, prevendo a desigualdade, como fizeram Solon, Numa e Sérvio. Estas precauções são as únicas boas para que a vontade geral seja sempre prudente e o povo nunca se equivoque.

Capítulo IV
Limites do poder soberano

Se o Estado é uma pessoa moral cuja vida consiste na união de seus membros, e se o mais importante de seus cuidados é o da sua própria conservação, deve existir uma força universal compulsiva para mover e dispor cada uma das partes da maneira mais conveniente ao todo. Como a natureza dá a cada homem um poder absoluto sobre todos os seus membros, o pacto social dá ao corpo político um poder absoluto sobre todos os seus, e este poder é aquele que, dirigido pela vontade geral, leva, como já disse, o nome de soberania.

Mas, além da pessoa pública, devemos considerar as pessoas privadas que a compõem, e cuja vida e liberdade são naturalmente independentes. Trata-se, pois, de distinguir com clareza os respectivos direitos dos cidadãos dos do soberano;[11] e os deveres que os primeiros devem cumprir na qualidade de súditos do direito natural de que devem desfrutar quando homens.

É coisa convencionada, que tudo o que cada um aliena, pelo pacto social, do seu poder, de seus bens, de sua liberdade, é somente a parte de tudo aquilo cujo uso não corresponde à comunidade, porém necessário é convir também que somente o soberano é juiz de tal importância.

Todos os serviços que um cidadão pode prestar ao Estado, deve prestá-lo imediatamente que o soberano lhos exigir, porém o soberano, por sua vez, não pode sobrecarregar os cidadãos de coisas inúteis à comunidade, tampouco pode exigi-las: porque nada se faz sem causa, tanto sob a lei da razão como sob a da natureza.

Os compromissos que nos unem ao corpo social, não são obrigatórios, senão enquanto são mútuos, e sua natureza é tal que, respeitando-os, não se pode trabalhar para outro sem trabalhar para si. Por que a vontade geral é sempre direta, e por que todos constantemente querem o bem de cada um, a não ser quando não há pessoa que não se aproprie das palavras de cada *um* e que não pense em si, votando por todos? Isso prova que a igualdade do direito e a noção da justiça que produz derivam da preferência de cada qual e, por conseguinte, da natureza do homem. Que a vontade geral, para ser verdadeiramente tal, deve sê-lo nos seus fins, como também em sua essência. Que deve partir de todos para aplicá-la a todos e que perde sua retidão natural quando tende a algum fim individual e determinado, porque julgando então do que nos é estranho, não temos princípio de equidade que nos guie.

Com efeito, desde que se trata de um fato ou de um direito particular, sobre um ponto que não foi regulamentado por uma convenção geral anterior, o assunto se torna contencioso. Este é um processo em que os interesses particulares estão de um lado, e os interesses públicos de outro, porém, no qual não se sabe que leis seguir, nem o juiz que deve sentenciar. Ridículo seria querer então referir-se a uma decisão expressa da vontade geral, que não seria mais do que a conclusão de uma das partes e, por conseguinte, não sendo para a outra senão uma vontade estranha e particular, levado agora à injustiça, e sujeita ao erro. Assim como uma vontade particular não representa a vontade geral, esta, por sua vez, muda de natureza, recaindo num objeto particular, e não pode, como geral, decidir acerca de um homem nem de um fato. Quando o povo de Atenas, por exemplo, nomeava ou destituía seus chefes, prodigalizava honrarias a um, impunha penas a outro, e por meio de decretos particulares, exercia indistintamente todos os atos do Governo, carecia, então, de vontade geral, propriamente dita, e não agia como soberano, mas como magistrado. Isto há de parecer contrário às ideias comuns, porém, é preciso dar-me tempo para expor as minhas.

Concebe-se com isso que o que generaliza a vontade é menos o número de votos que o interesse comum que os une, porque, numa instituição, cada um se submete necessariamente às condições que impõe aos outros, admirável acordo do interesse e da justiça, que dá às deliberações comuns um caráter de equidade que desaparece na discussão de todo negócio particular, desprovido de um interesse comum que una e identifique a regra do juiz com a da parte.

De qualquer modo que remontemos ao começo, chegaremos sempre à mesma conclusão, a saber: que o pacto social estabelece entre os cidadãos tal igualdade, que todos se obrigam sob as mesmas condições e devem gozar dos mesmos direitos. Assim, pela natureza do pacto, todo ato de soberania, isto é, todo ato autêntico da vontade geral, obriga ou favorece igualmente a todos os cidadãos, de sorte que o soberano conhece somente o corpo da nação, e não diferencia a nenhum dos que o compõem. Que é isso, pois, senão propriamente, mais do que um ato de soberania? Não é um convênio do superior com o inferior, mas um convênio do corpo com cada um de seus membros. Convênio legítimo, porque tem por base o contrato social. Equitativo, porque é comum a todos, útil, porque não pode ter outro objeto que o bem geral, e sólido, porque tem por garantia a força pública e o poder supremo. No entanto, os súditos que estão submetidos só a tais condições a ninguém obedecem a não ser à própria vontade, e perguntar até onde se estendem os direitos respectivos do soberano e dos cidadãos, é inquirir a que ponto estes podem obrigar-se para consigo mesmos, cada um para com todos e todos para com cada um.

Daqui se deduz que o poder soberano, completamente absoluto, sagrado e inviolável, não transpassa nem pode transgredir os limites das convenções gerais, e que todo homem pode dispor plenamente daquilo que lhe deixaram de seus bens e da sua liberdade por meio dessas convenções, de sorte que o soberano não tem direito de exigir de um súdito mais do que de outro, porque então, convertendo-se o assunto em particular, seu poder resulta incompetente.

Admitidas estas diferenças, é tão inexato que no contrato social exista, por parte dos particulares, alguma renúncia verdadeira, que sua situação, por efeito deste contrato, é realmente preferível à anterior, e que em lugar de uma alienação, realizou uma mudança vantajosa de uma situação incerta e precária, por outra melhor e mais segura: da independência natural, para a liberdade, do poder de prejudicar ao próximo, para o da própria segurança, e de sua força, que outros poderiam sobrepujar, para um direito que a união social torna invencível. A sua própria vida, que se ofereceu ao Estado, é por este continuamente protegida, e quando a expõe em sua defesa, que se faz senão devolver-lhe o que dele se recebeu? Que se faz então que não seja feito mais danoso e frequentemente no estado natural, quando, combatendo em lutas inevitáveis, se defende com perigo de vida, o necessário para a sua conservação? Todos, é certo, combatem, em caso necessário, pela pátria. Em compensação, porém, ninguém necessita combater por si. Não é ainda vantajoso correr, no concernente à nossa segurança, parte dos riscos a que estaríamos expostos a todo momento, se dela fôssemos privados.

Capítulo V
Do direito de vida e morte

Pergunta-se como os particulares, não tendo o direito de dispor de sua própria vida, podem transmitir ao soberano este mesmo direito de que carecem. Esta questão parece difícil de resolver por estar mal fundamentada. Todo homem tem o direito de expor sua vida para conservá-la. Pode ser chamado suicida aquele que se atira por uma janela fugindo do incêndio? Pode ser considerado como criminoso aquele que perece numa tempestade, cujo perigo ignorava ao embarcar?

O contrato social tem por fim a conservação dos contratantes. Quem deseja o fim quer os meios, e estes meios são inseparáveis de alguns riscos e ainda de algumas perdas. Quem quer conservar sua vida, a expensas da dos outros, deve também "dá-la" por eles, quando for preciso. O cidadão não é juiz do perigo a que a lei o obriga a se expor, e quando o príncipe lhe disse: "Convém ao Estado que tu morras", deve morrer, posto que com esta condição viveu em segurança até então, e sua vida é somente um beneficio da natureza, senão um dom condicional do Estado.

A pena de morte, imposta aos criminosos, pode ser considerada, pouco mais ou menos sob o mesmo ponto de vista. Para não ser vítima de um assassino, consente-se na morte daquele que nisso se torna. Neste contrato, longe de dispor da própria vida, não se pensa senão em garanti-la, e não é de presumir que um dos contratantes premedite a sua perda.

Por outro lado, todo malfeitor, atacado o direito social, converte-se pelas suas façanhas em rebelde e traidor da pátria, cessa de ser membro dela ao viciar suas leis e ao fazer-lhe guerra. Então, a conservação do Estado é incompatível com a sua. É preciso que um dos dois pereça, e quando se faz perecer ao culpado, é menos como cidadão que como inimigo. O processo, o julgamento, são as provas do rompimento do laço social, e por conseguinte, de que não é membro do Estado.

Pois bem: reconhecido como tal, deve ser, em seu domicílio, afastado pelo desterro, como infrator do pacto, ou pela morte, como inimigo público, porque tal inimigo não é uma pessoa moral, é um homem; e então se aplica o direito de guerra que ordena matar ao vencido.

Poder-se-á todavia argumentar que a condenação de um criminoso é um ato particular. De acordo. Tampouco esta condenação emana do soberano. É este um direito que ele pode conceder sem poder exercê-lo pessoalmente. Tenho dispostas em ordem todas as minhas ideias porém eu não poderia expô-las a um só tempo.

Entretanto, a frequência dos suplícios é sempre demonstração de fraqueza ou de preguiça no Governo: não há malvado que não tenha algo de bom. Não há outro direito para matá-lo, mesmo como exemplo, senão o perigo existente conservando-o vivo.

Em relação ao direito de perdão, ou de eximir a um culposo da pena imposta pela lei e pronunciada pelo juiz, esse não corresponde senão àquele que está por cima do juiz e da lei, ao soberano. Ainda assim, seu direito não está bem definido, e os casos de aplicá-lo são muito raros. Num Estado bem regido há poucos castigos, não porque se concedem anistias, senão porque há poucos criminosos. A abundância de crimes assegura sua impunidade quando o Estado decai. Sob a República Romana, nunca o Senado nem os cônsules intentaram conceder perdões, e o povo mesmo não os concedia, embora às vezes se apelasse para seu próprio juízo. Os constantes perdões anunciam que logo os delitos se tornarão impunes e mais frequentes. Mas sinto que meu coração estremece, que minha pena se detém. Deixemos a discussão destas questões ao homem justo que nunca pecou e que jamais necessita do perdão.

Capítulo VI
Da lei

Pelo pacto social, demos existência e vida ao corpo político. Trata-se agora de dar-lhe o movimento e a vontade pela legislação. Porque o ato primitivo, pelo qual este corpo se forma e se une, nada determina ainda do que deve fazer-se para conservá-lo.

O que é bom e conforme à ordem o é pela natureza das coisas e independentemente das convenções humanas. Toda a justiça procede de Deus, só Ele é sua fonte, porém se soubéssemos recebê-la de tão alto, não necessitaríamos governos nem leis. Sem dúvida, é uma justiça universal emanada unicamente da razão, mas para ser admitida entre nós deve a mesma ser recíproca. Considerando humanamente as coisas desprovidas de confirmação natural, as leis da justiça são vãs entre os homens. Não produzem senão o bem do malvado e o mal do justo, quando este as observa como todos sem que ninguém as observe para com ele. São, pois, necessárias convenções e leis para unir os direitos aos deveres e dirigir a justiça ao seu fim. No estado natural, em que tudo é comum, nada devo aos que nada prometi, e não reconheço como dos outros senão o que me é inútil. Não acontece isto no estado civil, no qual os direitos são fixados pela lei.

Mas que é, finalmente, uma lei? Enquanto esta palavra não se referir mais do que a ideias metafísicas, continuar-se-á a discorrer sem entendê-la, e quando se disser o que é uma lei natural, entender-se-á seu significado tão mal como se se tratasse da lei do Estado.

Eu já disse que não existe vontade geral sobre um ponto particular. De fato, este objeto particular está no Estado ou fora dele: uma vontade estranha não é geral em relação a ele, e se este objeto se enquadra no Estado, forma parte dele. Então há entre o todo e a parte uma relação que faz deles dois seres separados, dos quais a parte é um, o outro é tudo, menos esta parte.

Porém, o todo, menos uma parte não é o tudo, e enquanto isso subsistir, não existe o todo, senão duas partes desiguais: donde se deduz que a vontade de uma não é geral com referência à outra.

Porém, quando todo o povo estatui sobre todo o povo, não considera senão a si mesmo, e se então há relação, é, entre o objeto por inteiro sob um ponto de vista, e o objeto inteiro, sob outro ponto de vista, sem divisão alguma do todo.

Então a matéria estatuída é geral, como a vontade que estatui. Este ato é o que eu denomino uma lei.

Quando digo que o objeto das leis é sempre geral, entendo que a lei considera os súditos em corpo e os atos como abstratos, jamais a um homem como indivíduo nem a um ato particular. Assim, pode bem a lei estatuir que haverá privilégios, porém não pode nomear o privilegiado. Pode classificar os cidadãos e ainda assinalar as qualidades que darão direito a estas classes, mas não pode nomear os que nelas hão de ser aceitos. Pode estabelecer um governo real e uma sucessão hereditária, mas não pode eleger um rei nem nomear uma família real. Em resumo, toda função que se refere a um objeto individual, não é da alçada do poder legislativo.

Partindo desta ideia, vê-se com clareza que não é preciso perguntar a quem corresponde a elaboração das leis, dado que são atos da vontade geral, nem se o príncipe estiver por cima das leis, desde que é membro do Estado, nem se a lei pode ser injusta, mesmo porque ninguém é injusto para consigo, nem como se é livre e ao mesmo tempo submisso às leis, porque são estas expressões de nossa vontade.

Vê-se, ademais, que, reunindo à lei a universalidade da vontade e a do objeto, o que um homem, seja qual for, ordena por si, não é uma lei. O que ordena o soberano sobre um objeto particular, tampouco é uma lei, senão um decreto, nem um ato de soberania, senão de magistratura.

Denomino, pois, República, a todo Estado regido por lei, qualquer que seja sua forma de administração, porque somente então é que o interesse público governa e a coisa pública representa algo. Todo governo legítimo é republicano.[12] Mais tarde explicarei o que é governo.

As leis não são propriamente senão as condições de associação civil. O povo submetido às leis deve ser o autor das mesmas, pois somente aos associados compete regulamentar as condições da sociedade. Porém como a regulamentarão? Será de comum acordo ou por inspiração súbita? O corpo político possui um órgão para enunciar suas vontades? Quem lhe proporcionará a previsão necessária para formar-lhe os atos e expô-los no momento preciso? Como uma cega multidão que frequentemente ignora o que quer, porque raramente sabe o que é bom, levará a bom termo por si mesma uma empresa tão grande e difícil como é um sistema legislativo? O povo, por sua vez, quer sempre o bem, mas nem sempre o reconhece. A vontade geral é reta, porém o juízo que a guia nem sempre é claro. Necessário é fazer ver ao povo os objetos tais como eles são, e algumas vezes, como lhes devem aparecer: ensinar-lhe o bom caminho que procura, preservá-lo da sedução das vontades particulares, relacionar ante os seus olhos os lugares e os tempos, contrabalançar o atrativo das vantagens presentes e sensíveis com o perigo dos males ocultos e longínquos. Os particulares desejam o bem que desprezam, o povo quer aquele que não vê. Todos necessitam igualmente de guias. Necessário é obrigar a uns a conformar sua vontade com a razão. Necessário é, também, ensinar ao povo a conhecer o que deseja. Então, das públicas luminárias resulta a união do entendimento e da vontade no corpo social, por isso o exato concurso das partes, e, finalmente, a maior força do tudo. Vede, pois, donde nasce a necessidade de um legislador.

Capítulo VII
Do legislador

Para descobrir as melhores regras de sociedade que convêm às nações, seria necessária uma inteligência superior, que, descobrindo todas as paixões humanas, não experimentasse nenhuma, que não tivesse relação com nossa natureza, e que a conhecesse a fundo, cuja felicidade fosse independente de nós, e que, por conseguinte, pudesse ocupar-se da nossa, e finalmente, que no transcurso dos tempos, contentando-se com uma glória longínqua, pudesse trabalhar num século para gozar sua obra no outro.[13] Seriam precisos deuses para legislar aos homens.

O mesmo raciocínio que fazia Calígula em relação ao fato, fazia-o Platão com referência ao direito, para definir o homem civil ou real, que ele procura em seu livro *Do reino*. Porém, se é certo que um grande príncipe é raríssimo, como não há de sê-lo um grande legislador? O primeiro não tem mais que seguir o modelo que o segundo deve propor. Este é o mecânico que inventa a máquina, aquele é somente o operário que a faz funcionar. "Na origem das sociedades", disse Montesquieu, "os chefes da República fazem a instituição, depois é a instituição que forma os chefes das repúblicas".

Aquele que ousa intentar a instituição de um povo, deve sentir-se capaz de modificar, por assim dizer, a natureza humana, de transformar a cada indivíduo que, por si mesmo, é um todo perfeito e solidário, uma parte de um todo maior, do qual este indivíduo recebe, de algum modo, sua vida e seu ser; de alterar a constituição do homem para reformá-lo; de substituir uma existência parcial e moral à existência física e independente que todos recebemos da natureza. É preciso, numa palavra, que tire do homem suas próprias forças para lhe dar outras estranhas e das quais não possa usar sem o auxílio de outrem. Quanto mais mortas e anuladas estão as forças naturais, tanto mais sólida e perfeita é a instituição, de sorte que quando cada cidadão nada é por si e nada pode senão com todos os outros, e quando a força adquirida pelo todo é igual ou superior à soma das forças naturais de todos os indivíduos, pode dizer-se que a legislação se acha no mais alto grau de aperfeiçoamento que se pode pretender.

O legislador é, sob todos os pontos de vista, um homem extraordinário no Estado. Se o é pelo seu talento, não o é menos pelo seu cargo. Não é este de magistratura, nem de soberania. Este cargo, que constitui a República, não entra em sua constituição: é uma função particular e superior, que nada tem de comum com o império humano, porque se aquele que manda nos homens não deve dominar sobre as leis, aquele que domina as leis tampouco deve mandar nos homens. Do contrário, com as leis do tirano, ministro de suas paixões, não farão, muitas vezes, senão perpetuar suas injustiças e nunca poderão evitar que opiniões particulares alterem o saneamento de sua obra.

Quando Licurgo deu as suas leis aos espartanos, começou abdicando do poder real. Era costume da maioria das cidades gregas confiar aos estrangeiros a organização de suas leis. As modernas repúblicas italianas imitaram por vezes este costume, a de Gênova o fez com bons resultados.[14] Roma, em seus melhores tempos, viu renascer em seu meio todos os crimes da tirania, e viu-se exposta a perecer por ter reunido nas mesmas cabeças a autoridade legislativa e o poder soberano.

Os próprios decênviros, todavia, não se arrogaram jamais o direito de promulgar uma lei por sua única autoridade. "Nada do que vos propomos", diziam ao povo, "pode ser lei sem o vosso consentimento. Romanos, sede os autores das leis que devem fazer a vossa felicidade."

Aquele que redige as leis não tem, pois, nem pode ter direito algum legislativo, e o próprio povo, quando quiser, não pode despojar-se deste direito intransferível, porque, segundo o pacto fundamental, somente a vontade geral obriga aos particulares e não é possível ter certeza de que uma vontade particular está de acordo com a geral senão depois de tê-la submetido aos sufrágios livres do povo. Já disse tudo isto, mas não é inútil repeti-lo.

Assim, encontram-se ao mesmo tempo na obra da legislação, duas coisas que parecem incompatíveis: uma empresa submetida a uma força superior à humana, e para executá-la, uma autoridade insignificante.

Outra dificuldade há que merece nossa atenção. Os sábios que quisessem falar ao vulgo a linguagem científica não seriam compreendidos. Ora, existem numerosas ideias impossíveis de traduzir-se à linguagem vulgar. Os aspectos genéricos e os objetos longínquos, tampouco estão ao seu alcance, não sendo do gosto de cada indivíduo outro plano de governo, afora aquele que diz respeito ao seu interesse particular. Nota com dificuldade as vantagens que pode tirar das privações contínuas que impõem as boas leis. Para que um povo experimentasse na infância as máximas sãs da política e cumprisse as regras fundamentais da razão do Estado, seria necessário que o efeito se convertesse em causa, que a obra da instituição presidisse à própria instituição, e que os homens fossem perante as leis o que deveriam ser para elas. Assim, pois, não podendo empregar o legislador a força nem a persuasão, é necessário recorrer a uma autoridade de outra ordem que possa acorrentar sem violência e persuadir sem compelir.

Vede, pois, o que obriga em todos os tempos os próceres das nações a procurar a intervenção do céu e a honrar os deuses na sua sapiência, a fim de que os povos, submetidos às leis do Estado como às da natureza, e reconhecendo o mesmo poder na formação do homem e na da cidade, obedeçam livres e suportem docilmente o jugo da felicidade pública.

Por esta razão sublime, que não está na alçada dos homens vulgares, apresenta o legislador as decisões como ditadas pelos seres imortais, para arrastar pela autoridade divina os que não poderia comover a prudência humana.[15] Porém não está na faculdade de qualquer homem fazer falar aos deuses ou de ser acreditado, quando se apresenta como seu intérprete. O grande talento do legislador é o verdadeiro milagre que deve provar sua missão. Todo homem pode gravar nas tábuas de pedra, ou procurar um oráculo, ou sustentar um comércio secreto com alguma divindade, ou adestrar um pássaro que fale ao seu ouvido, ou encontrar outros meios grosseiros de impor-se ao povo. Aquele que saiba fazer isto, poderá reunir fortuitamente uma quadrilha de insensatos, porém jamais fundará um império, e sua extravagante obra logo perecerá com ele. Os prestígios vãos fulguram passageiramente, só a sabedoria os torna duradouros. A lei judaica, sempre subsistente, a do filho de Ismael que, depois de dez séculos, regeu a metade do mundo, revelam ainda hoje os grandes homens que as ditaram. Enquanto o orgulhoso filósofo ou cego espírito de escola não vê neles senão impostores, o verdadeiro político admira em suas instituições esse grande e poderoso gênio que preside às obras duradouras.

Não se deve concluir disto tudo, com Warburton, que a política e a religião têm um fim comum, senão que, na origem das nações, uma serve de instrumento à outra.

Capítulo VIII
Do povo

Como o arquiteto que, antes de construir um edifício, sonda e examina o solo para ver se pode aguentar o peso necessário, o sábio legislador não começa redigindo leis boas por si mesmas, mas antes examina se o povo a que são destinadas está apto para suportá-las. Por este motivo Platão recusou dar leis aos arcadianos e cirianos, sabendo que estes dois povos, ricos como eram, não podiam suportar a igualdade. Por isso houve, em Creta, boas leis e homens perversos, dado que Minos somente disciplinou um povo cheio de vícios.

Mil nações brilharam na Terra que não poderiam suportar boas leis, e mesmo as que o pudessem não as possuíram senão durante curto espaço de tempo. Os povos, como os homens, somente são dóceis quando jovens, à medida que envelhecem tornam-se incorrigíveis. Uma vez estabelecidos os costumes e arraigados os preconceitos, resulta empresa perigosa e vã querer reformá-los. O povo não pode suportar que alguém mexa em seus próprios males para destruí-los, como esses doentes sem coragem que tremem à simples presença do médico.

Não é por isso que, assim como algumas enfermidades transtornam o juízo dos homens, tirando-lhes a lembrança do passado, não se encontre alguma vez na existência dos Estados épocas violentas em que as revoluções fazem nos povos o que certas crises fazem nos indivíduos, que, esquecendo o horror do passado, envolvem o Estado em suas lutas civis, mas este renasce das suas cinzas e reconquista o vigor da juventude, escapando aos braços da morte. Assim foi Esparta no tempo de Licurgo, Roma, depois dos Tarquínios e tais têm sido, entre nós, a Holanda e a Suíça depois da expulsão dos seus tiranos.

Mas estes acontecimentos são raros, formam exceções cuja razão se acha sempre na constituição particular do Estado que apresenta a exceção. Nem podem ter lugar duas vezes num mesmo povo, porque pode ele tornar-se livre enquanto é bárbaro, porém não quando está desgastado o aparelho civil. Então as perturbações podem destruí-los sem que as revoluções possam restabelecê-lo, e uma vez quebradas as correntes, tomba em fragmentos e deixa de existir. Falta-lhe então um senhor mais do que um libertador. Povos livres, lembrai-vos desta máxima: "Pode adquirir-se a liberdade, porém nunca recuperá-la." A juventude não é a infância.

Existe para as nações, como para os indivíduos, um período de juventude ou, se se quiser, de maturidade que é preciso aguardar antes de submetê-los às leis, porém, a maturidade de um povo não é sempre fácil de reconhecer e a obra se torna inútil se for prematura. Tal povo é disciplinável na sua infância, e tal outro não o é nem no fim de dez séculos. Os russos não estarão jamais realmente legislados porque o foram demasiado cedo. Pedro I possuía o gênio imitativo, porém carecia do verdadeiro gênio, o que cria e faz tudo do nada. Algumas das coisas que fez foram boas, a maior parte, porém, era inoportuna. Viu que o seu povo era bárbaro e não percebeu, entretanto, que não estava preparado para ser regido. Quis civilizar quando o que precisava era militarizar. Pretendeu fazer alemães e ingleses, quando devia começar por fazer russos. Impediu seus súditos de chegarem a ser o que podiam, persuadindo-os de serem o que não eram. E assim, um preceptor francês educa seu pupilo, brilhando este um momento na sua infância para nada ser depois. O império da Rússia poderá querer subjugar a Europa e, ao invés, subjugar-se-á a si mesmo. Os tártaros, seus súditos e vizinhos, acabarão sendo seus senhores e os nossos. Esta revolução parece-me infalível. Todos os reis da Europa trabalham de acordo para precipitá-la.

Capítulo IX
Continuação do capítulo anterior

Assim como a natureza limitou a estatura do homem conformado, não havendo fora disto senão gigantes ou anões, há, também, comparativamente à melhor constituição de um Estado, pontos que limitam a extensão que pode ter, a fim de que não seja nem muito grande para poder ser bem governado, nem demasiado pequeno para poder manter-se por si mesmo. Há em todo corpo político um *maximum* de força que não se pode ultrapassar, e do qual frequentemente se afasta à força de tornar-se maior. Quanto mais se estende o laço social, mais se debilita, e em geral, um Estado pequeno é proporcionalmente mais forte que um maior.

Mil razões demonstram este aforismo. Primeiramente, a administração é mais penosa nas grandes distâncias, como um fardo se torna mais pesado na extremidade de uma alavanca. Torna-se mais onerosa à medida que os graus se multiplicam, porque, então, cada cidade tem, naturalmente, a sua, que o povo paga. A sua, cada distrito, paga também pelo povo. Depois cada província, após grandes governos, as satrapias, vice-reinados etc., que se pagam mais caros à medida que ascendem em importância, sendo necessário sustentar as expensas do desgraçado povo. Tantas cargas agravam aos súditos que, longe de serem governados por essas instituições, estão em piores condições que se fosse uma só. Apenas restam recursos para casos excepcionais e, quando recorrem a eles, o Estado já está em vésperas de ruína.

Isto não é tudo. Não somente o governo tem menos vigor e rapidez para fazer cumprir as leis, impedir vexames, corrigir os abusos e prever as sedições que possam manifestar-se em lugares afastados, mas também o povo tem menos estima aos seus chefes, nunca vê a pátria, que é aos seus olhos como o mundo, nem aos seus concidadãos, dos quais o maior número lhe são estranhos. As próprias leis não podem servir às diversas províncias, que têm costumes diferentes, que vivem sob climas diversos e que não podem ter idêntica forma de governo. Leis diferentes entre si degeneram em confusão nos povos que, vivendo sob os mesmos chefes e em comunicação contínua, misturam-se, contraem matrimônio uns com os outros, submetem-se a outros costumes, ignorando qual seja o seu próprio patrimônio. Os talentos permanecem ocultos, as virtudes ignoradas, os vícios impunes, nessa multidão de homens, desconhecidos uns dos outros, que a administração suprema reuniu num mesmo lugar. Os chefes, preocupados pelos negócios, nada fazem por si, e comissários governam o Estado. As medidas, enfim, que devem tomar para manter a autoridade geral, à qual tantos empregados pretendem esquivar-se, quando não se impor, absorvem todos os cuidados públicos sem que fiquem alguns para consagrá-los ao bem-estar geral nem à defesa, no caso necessário. E, deste modo, um corpo grande pela sua constituição, vacila e cai fragorosamente, esmagado pelo seu próprio peso.

Por outro lado, o Estado deve possuir uma determinada base para ser sólido, para resistir aos abalos que forçosamente sentirá e aos esforços que será obrigado a empregar para sustentar-se, porque todos os povos possuem uma espécie de força centrífuga pela qual se agitam continuadamente uns contra os outros e procuram engrandecer-se à custa de seus vizinhos, como os turbilhões de Descartes. Assim, os fracos correm o risco de ser devorados logo, e nenhum deles encontra o meio de conservar-se senão guardando em relação aos outros uma espécie de equilíbrio que torna sempre a compreensão pouco mais ou menos igual por toda a parte.

Pelo que foi dito, vê-se que existem motivos para expandir-se e comprimir-se, e não constitui a menor habilidade política saber encontrar, entre uma e outras, a mais vantajosa para a conservação do Estado. Pode-se dizer que, não sendo as primeiras senão externas e relativas, devem ficar dependendo das outras, que são internas e absolutas. Uma sã e forte constituição é a primeira coisa que se deve procurar, devendo confiar-se mais no vigor que nasce de um bom governo do que nos recursos que provêm de um vasto território.

Entretanto, têm-se visto Estados de tal modo constituídos, que a necessidade das conquistas fazia parte da sua constituição, e que, para manter-se, necessitavam estender-se sem cessar. Possivelmente se felicitavam constantemente dessa necessidade, que portanto lhes mostrava, com o termo do seu engrandecimento, o momento inevitável da sua queda.

Capítulo X
Continuação do capítulo precedente

Um corpo político pode ser medido de duas formas, a saber-se: pela extensão do seu território e pela população. E há entre estas duas medidas uma relação conveniente para dar ao Estado sua verdadeira dimensão. Os homens constituem o Estado, a terra alimenta os homens. Esta relação indica, pois, que a terra seja suficiente para o sustento de seus habitantes e existem tantos habitantes quantos a terra pode sustentar. Nesta proporção se acha o *maximum* de força de um dado número de povo, porque se tem território demais, sua guarda é onerosa, o cultivo, insuficiente, o produto, supérfluo, e esta é a causa possível de guerras defensivas. Se tiver de menos, o Estado se acha à mercê de seus vizinhos, e esta é a causa das guerras ofensivas. Todo país que se encontra, pela sua posição na alternativa do comércio ou da guerra, é débil por natureza, depende de seus vizinhos e dos sucessos, e tem somente uma existência incerta e limitada, ou subjuga e muda a situação, ou é subjugado, anulando-se. Não pode conservar-se livre senão pela pequenez ou pela grandeza.

Não pode ser calculada uma proporção fixa entre a extensão do território e o número de homens que bastam a um e a outro, tanto por causa das diferenças que se encontram nas qualidades do terreno, nos seus graus de fertilidade, na natureza de seus produtos, na influência do clima, como também pelas diferenças de temperamento dos homens que neles habitam, dos quais uns consomem pouco num país fértil e outros, muito num solo ingrato. Deve considerar-se também a maior ou menor fecundidade das mulheres, ou o que um país pode ter de mais ou menos favorável à população, à quantidade de indivíduos com os quais o legislador pode contar, de maneira que não se deve fundamentar juízo sobre o que se vê, senão sobre o que se prevê, nem se fixar tanto o estado atual da população como o futuro. Existem, finalmente, mil ocasiões em que os acidentes particulares do meio exigem ou permitem tomar mais território do que aquele que parece necessário. Por isso é preciso maior extensão num país montanhoso, no qual os produtos naturais, isto é, as madeiras, os pastos, exijam menos cuidados, e a experiência ensina que aí as mulheres são mais fecundas do que as que habitam nos vales, ao passo que grande terreno em declive não dá senão uma pequena base horizontal, única com que se pode contar para a vegetação. Pelo contrário, pode-se concentrar nas margens do mar e mesmo nos rochedos, quase sempre estéreis, porque a pesca pode ali suprir em grande proporção os produtos da terra, e os homens devem estar mais reunidos para defender-se dos piratas, existindo ao mesmo tempo mais facilidade para livrar o país do excesso de população, porque com facilidade podem emigrar para as colônias.

Às condições acima, para instituir um povo, é preciso acrescentar outra insubstituível, e sem a qual todas são inúteis: que exista a abundância e a paz. Porque o momento em que se forma um Estado é como quando se organiza um batalhão: período em que falta a resistência é o momento mais fácil para destruí-lo. Resiste-se melhor na absoluta desordem do que num momento de fermentação, em que cada um se ocupa de seu posto e não do perigo. Se uma traição, uma guerra, uma sedição, sobrevêm nesse instante, o Estado fica irremediavelmente destruído.

Não quero dizer que não existem muitos governos estabelecidos durante essas tempestades, porém nesse caso acontece destes mesmos governos destruírem o Estado. Os usurpadores precipitam ou escolhem sempre esses momentos de agitação para, aproveitando o terror público, decretar leis destrutoras, que o povo não aceitaria jamais em tempo normal. A escolha do momento da instituição é um dos caracteres mais certos, pelos quais se pode distinguir a honra do legislador da do tirano.

Que povo é, pois, mais apropriado para a legislação? Aquele que, achando-se já ligado por alguma original união, de interesses ou de convenção, não tenha suportado ainda o verdadeiro jugo das leis. Aquele que não tem hábitos nem superstições bem arraigados. Aquele que não teme uma invasão súbita, que, sem intervir nas discussões de seus vizinhos, pode resistir sozinho a cada um deles ou auxiliar-se de um para rechaçar a outro. Aquele em que cada um dos seus membros pode ser conhecido de todos e no qual um homem não está obrigado a carregar um fardo que não pode transportar. Aquele que pode passar sem outros povos sem que estes possam passar sem ele.[16] Aquele que não é rico nem pobre e pode bastar-se a si mesmo, aquele, enfim, que retine a consistência de um povo ancião com a docilidade de um povo jovem.

O que torna penosa a obra da legislação não é o que se deve fazer, senão o que se tem de destruir, e, o que é mais estranho, a impossibilidade de encontrar a simplicidade da natureza unida às necessidades da sociedade.

Todas essas condições, na realidade, estão dificilmente reunidas, por isso há tão poucos Estados bem organizados.

Existe ainda na Europa um país capaz de legislação: a ilha da Córsega. O valor e a constância com que este povo tem sabido recobrar e defender sua liberdade, bem merecem que um homem sábio e prudente lhes ensine a conservá-la. Tenho certo pressentimento que algum dia esta pequena ilha assombrará a Europa.

Capítulo XI
Diversos sistemas de legislação

Se indagarmos em que consiste precisamente o maior bem de todos, que deve ser o fim de todo sistema de legislação, achar-se-á que se reduz a estes dois objetos principais: *liberdade* e *igualdade*. A liberdade, porque toda dependência particular é outro tanto de força tirada ao corpo do Estado; a igualdade, porque a liberdade não pode existir sem ela.

Já disse o que é a liberdade civil; a respeito da igualdade, não se deve entender nessa palavra que os graus de poder e riqueza sejam absolutamente os mesmos, mas sim que, quanto ao poder, esteja por cima de toda violência e não se exercite senão em virtude das leis, e, quanto à riqueza, que nenhum cidadão seja bastante opulento para poder comprar a outro, e nenhum tão paupérrimo para necessitar vender-se,[17] o que supõe, por parte dos grandes, moderação de bens e de crédito; dos pequenos, moderação de ânsia e cobiça.

Diz-se que esta igualdade é uma quimera de especulação que não pode existir na prática. Porém, se o abuso for inevitável, será que não pode pelo menos ser regulado? É precisamente porque a força das coisas tende a destruir a igualdade que a legislação deve procurar mantê-la sempre.

Mas os fins gerais de toda boa instituição devem modificar-se em cada país, pelas circunstâncias que nascem, tanto da situação local, como do caráter dos habitantes. E, considerando estas circunstâncias, deve dar-se a cada povo um sistema de instituição, que seja o melhor, embora não por si, mas para o Estado a que se destina.

Por exemplo: será o terreno ingrato e estéril, ou o país muito pequeno para os habitantes? Industrializai o país, desenvolvendo as artes e trocando os produtos pelos frutos que vos faltam.

Pelo contrário, o terreno é fértil e rico? Tendo um bom terreno, necessitais habitantes? Prestai, então, todos vossos cuidados à agricultura, que multiplica os homens e esquecei as artes, que não farão senão terminar despovoando o país, agrupando sob alguns pontos do território a maior parte dos habitantes que encerra.[18] Viveis em extensas e cômodas costas? Enchei o mar de barcos, desenvolvei o comércio e a navegação: gozareis assim de uma existência brilhante e fácil. Banha o mar, tão somente rochedos inacessíveis? Conservai-vos na barbárie e ictiófagos, e assim vivereis mais sossegados, melhor talvez e com certeza mais felizes. Numa palavra, além das máximas comuns a todos, cada povo encerra em si alguma coisa que o impele de uma maneira particular e torna-o apropriado à sua legislação. Por isso, antigamente, os hebreus, e recentemente os árabes, têm tido, como objeto principal, a religião. Os atenienses, as letras; Cartago e Tiro, o comércio; Rodes, a marinha; Esparta, a guerra, e, finalmente, Roma, a virtude. O autor do *O espírito das leis*[*] demonstrou, com muitos exemplos, o meio pelo qual cada legislador dirige a instituição para um determinado fim.

O que torna a constituição de um Estado verdadeiramente sólida e estável é o fato das conveniências serem de tal modo observadas, que as circunstâncias naturais e as leis estejam sempre de acordo nos mesmos pontos e que aquelas façam, senão assegurar, pelo menos acompanhar e retificar estas. Porém se o legislador errar no seu objeto, toma um princípio diferente daquele que nasce da natureza das coisas, tendo um à servidão e outro à liberdade, um à riqueza e outro ao povoamento, um à paz e outro às conquistas, e vereis as leis se debilitarem insensivelmente, modificar-se a constituição, e o Estado não deixará de agitar-se até que seja mudado ou destruído, recuperando a natureza, então, o seu império invencível.

---

* Vide — Montesquieu — *O espírito das leis* (2 vols.).

Capítulo XII
Divisão das leis

Para ordenar o todo, ou dar melhor forma possível às coisas públicas, há que considerar diversas relações. Primeiramente, a ação do corpo inteiro sobre si mesmo, quer dizer, a relação do todo para o todo, ou do soberano ao Estado, compondo-se esta relação de termos intermediários como veremos a seguir.

As leis que regulam esta relação denominam-se leis políticas e chamam-se também leis fundamentais, não sem relativa razão, se estas leis forem sábias, porque, se em cada Estado só existe uma única forma boa de ordenar, o povo que a encontrou deve conformar-se com ela. Porém se a ordem estabelecida é má, por que chamar de leis fundamentais às leis que lhe impedem de ser bom? Por outro lado, o povo é sempre dono de mudar suas leis, mesmo as melhores, porque se lhe apraz fazer mal a si mesmo, quem é capaz de evitá-lo?

A segunda relação é a dos membros entre si, ou com o corpo inteiro, e esta relação deve ser, com referência ao primeiro, muito pequena, e grande com referência ao segundo, de sorte que cada cidadão seja perfeitamente independente dos outros e excessivamente dependente da nação, o que se dá sempre pelos mesmos meios, porque só o Estado pode minorar a liberdade de seus membros. Desta segunda relação nascem as leis civis.

Pode-se considerar uma terceira classe de relação entre o homem e a lei, a saber, a da desobediência à pena. E isso dá lugar à instituição de leis criminais que, no fundo, são menos uma espécie particular de leis que a sanção de todas as outras.

A estas três classes de leis acrescenta-se uma quarta, a mais importante de todas, lei que não se grava nem no mármore nem no bronze, senão no coração dos cidadãos; que dá a verdadeira constituição ao Estado; que adquire, cada dia, novas forças; que, quando as outras leis envelhecem ou se extinguem, as reanima ou supre; que conserva um povo no espírito da sua instituição e substitui insensivelmente a força do hábito à da autoridade. Quero me referir aos costumes, aos hábitos, e, sobretudo, à opinião, parte desconhecida dos nossos políticos porém da qual depende o êxito de todas as outras; parte da qual o grande legislador se ocupa em segredo, enquanto parece limitar-se aos regulamentos particulares, que não são — senão o arco da abóbada, de que os costumes, nascendo lentamente, formam, enfim, a inquebrantável chave.

Entre estas diversas classes, as leis políticas, que constituem forma de governo, são as únicas que se coadunam ao meu propósito.

LIVRO TERCEIRO

Antes de falar das diferentes formas de governo, tratemos de fixar o sentido preciso desta palavra, que não foi até hoje muito bem definida.

Capítulo I
Do governo em geral

Advirto o leitor de que este capítulo deve ser lido atentamente, porque desconheço a arte de ser claro para quem não queira ser meditativo.

Toda ação livre tem duas causas que concorrem para produzi-la: uma moral, a saber, a vontade que determina o ato; outra física, isto é, o poder que o executa. Quando caminho com um fim, é preciso, primeiramente, que eu assim o queira, em segundo lugar, que os pés me conduzam. Se um paralítico quer correr e um homem ágil não, ambos ficarão imóveis. O corpo político tem os mesmos propósitos: distinguem-se nele a força e a vontade, esta sob o nome de *poder legislativo*, aquela sob o *poder executivo.* Nada se faz sem o seu concurso.

Temos visto que o poder legislativo corresponde ao povo, devendo pertencer exclusivamente a ele. Compreende-se, pelos princípios anteriormente estabelecidos, que, pelo contrário, o poder executivo não pode ser próprio da generalidade como legisladora ou soberana, porque este poder consiste em atos particulares que não são próprios do cadastro da lei, nem, portanto, do soberano, cujos atos só podem ser leis.

É, pois, necessário à força pública um agente próprio que a reúna e a aplique segundo as diretrizes da vontade geral; que sirva de comunicação entre o Estado e o soberano; que faça, de algum modo, na pessoa social o que faz no homem a união da alma com o corpo. Vede qual é, no Estado, a razão do governo mal confundido com o soberano, de que somente é ministro.

Que é, pois, governo? Um corpo intermediário estabelecido entre os súditos e o soberano, para sua mútua correspondência, encarregado da execução das leis e da conservação da liberdade, tanto civil como política.

Os membros deste corpo chamam-se magistrados ou *reis,* isto é, *governantes,* ao corpo inteiro se denomina *príncipe.*[19] Assim, os que pretendem que o ato pelo qual um povo se submete aos chefes não é um contrato, têm razão em afirmá-lo. É somente uma incumbência, um cargo, pelo qual simples empregados do soberano exercem em seu nome o poder de que os faz depositários, e que ele pode limitar, modificar e reivindicar quando lhe aprouver. Sendo, como é, a alienação de tal direito incompatível com a natureza do corpo social, contraria o fim da associação.

Chamo, pois, *governo* ou suprema administração, ao exercício legítimo do poder executivo; e *príncipe* ou *magistrado*, ao homem ou ao corpo encarregado dessa administração.

No governo é onde se encontram as forças intermediárias cujas relações formam as do todo para o todo, do soberano ao Estado. Pode-se representar esta última relação pela das extremidades de uma proporção contínua, cujo médio proporcional é o governo. Este recebe do soberano as ordens que dá ao povo, e, para que o Estado esteja em equilíbrio perfeito, é preciso, equitativamente, que exista igualdade entre o resultado ou poder do governo, tomado por si mesmo, e o resultado ou poder dos cidadãos, que são soberanos de um lado e súditos de outro.

Ademais, não poderia alterar-se algum destes três termos, sem desfazer instantaneamente a proporção. Se o soberano quer governar, ou o magistrado dar leis, ou os súditos recusarem obedecer, a desordem sucede à regra, a força e a vontade não agem mais de acordo e, dissolvido o Estado, cai consecutivamente no despotismo ou na anarquia. Enfim, assim como não há relação, não há também mais do que um bom governo possível num Estado. Porém, como existem mil causas que podem mudar as circunstâncias de um povo, não somente governos diferentes podem ser bons em diversos povos, senão no mesmo povo em diferentes tempos.

Para dar uma ideia das diversas circunstâncias que podem influir entre os dois extremos, tomarei, para exemplo, a população como mais fácil de demonstrar.

Suponhamos que o Estado se compõe de dez mil cidadãos. O soberano não pode ser considerado senão coletivamente e em corpo, porém, cada particular, na qualidade de súdito, é considerado como indivíduo. Assim o soberano é o súdito, como dez mil é para um, isto é, cada membro do Estado tem só a décima milésima parte da autoridade soberana, embora esteja submetido por inteiro a ela. Se o povo se compõe de cem mil homens, o estado dos súditos não se modifica, e cada qual é portador, igualmente, do império das leis, enquanto o sufrágio, reduzido a uma centésima milésima parte, em dez vezes menos de influência na sua relação. Então, ficando o indivíduo sempre um, a proporção do soberano aumenta na razão do número de cidadãos, donde se segue que quanto maior é o Estado tanto mais diminui a liberdade.

Quando digo que a relação aumenta, entendo que se afasta da igualdade. Assim, quanto maior é a relação na acepção geométrica, menos relação há na acepção comum. Na primeira, considerada segundo a quantidade, mede-se pelo expoente, e na outra, considerada segundo a identidade, a estimativa é feita pela semelhança.

Quanto menos se relacionam as vontades particulares à vontade geral, isto é, os costumes às leis, mais a força repressora deve aumentar. O governo, pois, para ser bom, deve ser relativamente mais forte à medida que o povo se torna mais numeroso.

Por outro lado, proporcionando o engrandecimento do Estado aos depositários da autoridade pública, maiores tentações e meios de abusar de seu poder, mais força deve possuir o governo para conter o povo, e o soberano deve ter também mais força, por sua vez, para conter o governo. Não me refiro aqui a uma força absoluta, mas à força relativa das diversas partes do Estado.

Resulta dessa dupla relação que a proporção contínua entre o soberano, o príncipe e o povo, não é uma ideia arbitrária, senão consequência necessária da natureza do corpo político. Segue-se, ainda, que estando um dos extremos, a saber, o povo como súdito, fixado e representado pela unidade, sempre que a razão composta aumente ou diminua, a razão simples aumenta ou diminui, igualmente, e que, por conseguinte, o termo médio se altera, o que demonstra que não existe uma constituição única e absoluta de governo, senão que podem existir tantos governos diferentes em sua natureza, como Estados em extensão.

Tomando-se tal sistema pelo lado ridículo, se se dissesse que para encontrar esta média proporcional e formar o corpo do governo não é preciso, na minha opinião, senão extrair a raiz quadrada do número da população, responderia eu que não considero este número aqui senão como exemplo, que as relações de que falei não se medem somente pelo número de homens, senão, em geral, pela quantidade de ação, a qual se combina por infinitas causas, e que, se para me exprimir com menor número de palavras, usei termos matemáticos, não ignoro, apesar disso, que a precisão geométrica não se aplica nas quantidades morais.

O governo é, em menor escala, o que o corpo político que o encerra é em maior. É uma pessoa moral provida de certas faculdades, ativa como o soberano, passiva como o Estado, e que pode decompor-se em outros aspectos semelhantes, donde nasce, por conseguinte, uma nova proporção, e ainda outra nesta, segundo a ordem dos tribunais, até chegar a um termo médio indivisível, isto é, a um único chefe ou magistrado supremo, que pode representar-se, no meio desta progressão, como a unidade entre a série das frações e a dos números.

Sem que esta multiplicação de termos nos atrapalhe, contentemo-nos considerando o governo como um novo corpo no Estado, diferente do povo e do soberano e intermediário entre um e outro.

A diferença essencial entre esses dois corpos é que Estado existe por si mesmo, e o governo não existe, senão pelo soberano. Assim, a vontade dominante do príncipe não é ou não deve ser outra que a vontade geral ou a lei. Sua força, não é senão a força pública concentrada em si mesma. Logo que pretende realizar algum ato absoluto e independente, o laço total começa a afrouxar. Se, finalmente, acontecesse que o príncipe tivesse uma vontade particular, mais ativa que a do soberano, e que usasse para fazer obedecer a esta vontade particular, da força pública que está em suas mãos, de sorte que tivesse duas soberanias, uma de direito e outra de fato, nesse instante a união social se desmembraria e o corpo político seria dissolvido.

Sem embargo, para que o corpo do governo tenha uma existência, uma vida real, que o distinga do corpo do Estado, para que todos os seus membros possam agir de comum acordo e responder ao fim para que foram instituídos, é preciso um *eu* particular, uma sensibilidade comum a seus membros, uma força, uma vontade própria, que tendam à sua conservação. Esta existência particular supõe as assembleias, os conselhos, um poder deliberativo e solucionador, direitos, títulos, privilégios que correspondam ao príncipe exclusivamente e tornem a condição do magistrado mais honorífica, à medida que se torna mais penosa. As dificuldades estão na maneira de ordenar o todo subalterno, de sorte que não altere a constituição geral afirmando a sua; que distinga sua força particular, destinada à sua conservação, da força pública, destinada à conservação do Estado; e que, numa palavra, esteja sempre o governo pronto a sacrificar-se para o povo, e não este para o governo.

Por outro lado, embora o corpo artificial do governo seja obra de outro corpo artificial, e não há nele, de forma alguma, mais do que uma vida subordinada, isto não impede que possa agir com mais ou menos vigor ou celeridade; gozar, por assim dizer, de uma saúde mais ou menos robusta. Em conclusão: sem afastar-se diretamente do fim de sua instituição, ele pode esquivar-se mais ou menos, segundo a maneira como se acha constituído.

De todas estas diferenças nascem as distintas relações que o governo deve ter com o corpo do Estado, segundo as relações acidentais e particulares pelas quais este mesmo Estado se modifica: porque o melhor governo se converterá em viciado se suas relações não se alterarem segundo os defeitos do corpo político a que pertence.

Capítulo II
Do princípio que constitui as diversas formas de governo

Para expor a causa geral destas diferenças devem distinguir-se aqui o príncipe e o governo, como antes diferenciei o Estado e o soberano.

O corpo da magistratura pode compor-se de maior ou menor número de membros. Dissemos que a relação do soberano com os súditos é tanto maior quanto mais numeroso é o povo, e por uma evidente analogia, podemos dizer outro tanto do governo em relação aos magistrados.

Sendo a força total do governo a do Estado, não varia, donde se segue que quanto mais usar desta força sobre seus próprios membros, ficar-lhe-á menos para agir sobre todo o povo.

O número dos magistrados está em razão direta da debilidade do governo. Esta máxima por ser fundamental, deve ser esclarecida. Podemos distinguir na pessoa do magistrado três vontades essencialmente diferentes. Primeiramente, a vontade comum dos magistrados, que se orienta unicamente em proveito do príncipe, e que podemos chamá-la vontade do corpo, a qual é geral respeito ao governo, e particular respeito ao Estado, do qual o governo forma parte. Em terceiro lugar, a vontade soberana do povo, ou a vontade soberana, que é geral, tanto com referência ao Estado considerado como todo, como em relação ao governo considerado como parte do todo.

Numa legislação perfeita, a vontade particular ou individual deve ser nula. A vontade do corpo, própria ao governo, muito subordinada e, por conseguinte, a vontade geral ou soberana, sempre dominante, é a regra única de todas as outras.

Segundo a ordem natural, pelo contrário, as diferentes vontades se tornam mais ativas à medida que se concentram. Assim, a vontade geral é sempre a mais débil, a vontade do corpo tem o segundo posto e a vontade particular, o primeiro de todos, de sorte que, no governo, cada membro é primeiramente ele próprio, depois magistrado, e finalmente cidadão, graduação diretamente oposta àquela que exige a ordem social.

Estabelecido que todo o governo esteja em mãos de um único homem, vede a vontade particular e a do corpo perfeitamente reunidos, e, por isso, está no mais alto grau de intensidade que pode alcançar. Ademais, como depende da vontade o uso da força, e a força absoluta do governo não varia, segue-se que o mais ativo dos governos é o de um único indivíduo.

Pelo contrário, juntemos o governo à autoridade legislativa, tornemos príncipe ao soberano, e de todos os cidadãos outros tantos magistrados: então a vontade do corpo, confundida com a vontade geral, não terá outra atividade senão a própria, e deixará a vontade particular na plenitude de sua força. Assim o governo, sempre com a mesma força absoluta, estará no seu *minimum* de força relativa ou de atividade.

Essas relações são incontestáveis, e confirmam-nas ainda outras considerações. Vê-se, por exemplo, que cada magistrado é mais ativo em seu corpo do que cada cidadão no dele, e que, portanto, a vontade particular tem bem mais influência nos atos do governo do que nos do soberano, porque todo magistrado se acha sempre encarregado de alguma função do governo, enquanto cada cidadão, considerado separadamente, não exerce função alguma de soberania. Por outro lado, tanto quanto o Estado se estende, tanto mais a sua força real aumenta, embora não na proporção da sua extensão, porém sendo o Estado sempre o mesmo, apraz aos magistrados se multiplicarem, o governo não adquire força real, porque esta força é a do Estado, cuja medida é sempre igual. Deste modo, a força relativa, ou a atividade do governo diminuiu, sem que a sua força absoluta ou real possa aumentar.

É certo que os trâmites dos negócios públicos são mais lentos, à medida que se encarrega deles maior número de pessoas. Dando-se muito à prudência nada se dá à fortuna, deixa-se passar às vezes a oportunidade, e à força de tanto deliberar, perde-se frequentemente o fruto da deliberação.

Acabo de demonstrar que o governo se debilita à medida que os magistrados se multiplicam, e demonstrei anteriormente que quanto mais o povo é numeroso, deve aumentar-se também a força repressiva: donde se segue que a relação dos magistrados ao governo, deve ser inversa da dos súditos ao soberano. Quer dizer que o governo deve comprimir-se quando o Estado se engrandece, de tal modo que o número de chefes diminua na proporção do aumento da população.

Entretanto, falo aqui somente da força relativa do governo e não da sua retidão, porque, contrariamente, quanto mais numerosa é a magistratura, mais se aproxima a vontade do corpo à vontade geral, enquanto sob um único magistrado, esta mesma vontade do corpo não é, como já disse, senão uma vontade particular. Perde-se, assim, por um lado, o que se pode ganhar por outro, e a arte do legislador é saber fixar o ponto em que a força e a vontade do governo, sempre em proporção recíproca, se combinem na maneira mais vantajosa para o Estado.

Capítulo III
Divisão dos governos

Temos visto no capítulo anterior como se diferenciam as diversas formas de governo pelo número de membros que as compõem. Resta examinar no presente como se verifica esta divisão.

O soberano pode, em primeiro lugar, incumbir do governo a todo o povo ou à maior parte dele, de tal forma que existam mais cidadãos magistrados do que particulares. Dá-se a esta forma de governo a denominação de *democracia*.

Pode ficar limitado o governo nas mãos de poucos, de forma que existam mais simples cidadãos do que magistrados, e esta forma de governo denomina-se *aristocracia*.

Finalmente, pode ficar concentrado o governo nas mãos de um único magistrado, do qual recebem o poder todos os outros. Esta forma de governo é a mais comum e denomina-se *monarquia* ou governo *real*.

Deve notar-se que todas essas formas, ou pelo menos as duas primeiras, são suscetíveis de aumento ou diminuição, porque a democracia pode estender-se a todo o povo ou limitar-se à metade. A aristocracia, por sua vez, pode estender-se até metade do povo e limitar-se até uma quantidade indeterminadamente diminuta.

A própria monarquia é suscetível de divisão. Esparta teve dois reis constantemente de acordo com a sua constituição, e no Império Romano houve ocasiões que governavam, ao mesmo tempo, oito imperadores, sem que isto significasse que o império se achava dividido. Por isso, há um ponto em que cada forma de governo se confunde com a que lhe segue, vendo-se que com somente três denominações o governo é realmente suscetível de tantas formas diversas, como o Estado tem de cidadãos.

Ainda mais: um mesmo governo, de certo modo, pode subdividir-se em outras partes, administradas de modos diferentes, podendo resultar daquelas três formas combinadas uma porção de formas mistas, cada uma das quais pode ser multiplicável por todas as simples.

Tem-se discutido muito acerca da melhor forma de governo, sem considerar que cada uma delas é a melhor em determinados casos e a pior em outros.

Se nos diversos Estados, o número dos magistrados supremos deve estar em razão inversa da dos cidadãos, segue-se que, em geral, o governo democrático convém aos pequenos Estados, a aristocracia aos medíocres e a monarquia aos grandes. Esta regra se deduz imediatamente do princípio. Porém, como é possível ter em conta todas as circunstâncias que possam dar origem às exceções?

Capítulo IV
Da democracia

Quem faz a lei sabe melhor do que ninguém como ela deve ser executada e interpretada. Parece, pois, que não pode existir melhor constituição que aquela em que o poder executivo está unido ao legislativo. Porém, isto mesmo é o que torna este governo insuficiente em certos casos, porque as coisas que se devem distinguir não o estão e, não sendo o príncipe e o soberano senão a mesma pessoa, não forma, por assim dizer, senão um governo sem governo.

Não é producente que aquele que faz as leis as execute nem que o corpo do povo desvie a sua atenção das coisas gerais, para fixá-las em objetos particulares. Nada mais danoso que a influência dos interesses privados nos negócios públicos, e o abuso das leis pelo governo é um mal muito menor que a corrupção do legislador, consequência infalível dos aspectos particulares. Estando, então, o Estado alterado em sua substância, toda e qualquer reforma se torna impossível. Um povo que não abusa do governo, jamais abusará da sua independência. Um povo que governar sempre bem, não necessitará ser governado.

Querendo tomar o termo democracia na sua acepção perigosa, poderemos dizer que jamais existiu verdadeira democracia, nem existirá nunca. É contra a ordem natural que o maior número governe e o menor seja governado. Não se pode imaginar que o povo esteja constantemente reunido para atender os negócios públicos, e facilmente se compreende que não poderiam estabelecer-se comissões sem que a forma de administração se modificasse.

De fato, creio poder estabelecer em princípio que, quando as funções de governo se dividem entre muitos tribunais, os menos movimentados adquirem cedo ou tarde a maior autoridade pela facilidade que encontram para concluir os negócios.

Ademais, quantas coisas difíceis de reunir não supõe este governo? Primeiramente, um Estado muito pequeno em que o povo seja fácil de reunir e no qual cada cidadão possa conhecer a todos os outros. Em segundo lugar, uma grande simplicidade de costumes, que precavenha a multiplicidade de negócios e as discussões espinhosas. Em seguida, muita igualdade nas classes e fortunas, sem o que a igualdade não poderia subsistir por muito tempo à dos direitos e à da autoridade. Finalmente, pouco ou nenhum luxo, porque o luxo é o efeito das riquezas ou as faz necessárias e corrompe ao mesmo tempo o rico e o pobre, a um pela posse, a outro pela cobiça. Vende a pátria à indolência, à vaidade, e tira ao Estado todos os seus cidadãos para fazê-los escravos uns dos outros e todos da opinião.

Vede por que um autor célebre deu a virtude como princípio para a república, porque todas as outras virtudes não podem subsistir sem ela, porém, não tendo feito as necessárias distinções, este preclaro engenho tem sido, às vezes, injusto, outras, obscuro, e não viu que a autoridade soberana, sendo por toda parte a mesma, idêntico princípio deve estender-se em todo o Estado bem constituído, mais ou menos, em verdade, segundo a forma de governo.

Acrescentemos que não existe governo tão exposto às guerras civis e às agitações internas como o democrático ou popular, porque não existe outro que procure com mais força e frequência mudar de forma, nem que exija maior vigilância e valor para sustentar-se na sua. Nesta constituição, sobretudo, o cidadão deve armar-se de força e de constância, e lembrar cada dia, no fundo do seu coração, o que disse um virtuoso palatino[20] na dieta da Polônia: *malo periculosam libertatem quam quietum servitium.*

Se existisse um povo de deuses, governar-se-ia democraticamente. Um governo tão perfeito, não convém aos homens.

Capítulo V
Da aristocracia

Temos aqui duas pessoas morais diferentes, a saber: o governo e o soberano, e, por conseguinte, duas vontades gerais: uma relação a todos os cidadãos, outra, somente para os membros da administração. Assim, embora o governo possa regulamentar sua polícia interna como lhe convier, não pode nunca falar ao povo senão em nome do soberano, quer dizer, em nome do próprio povo, o que nunca deve ser olvidado.

As primeiras sociedades foram governadas aristocraticamente. Os chefes das famílias deliberavam entre si acerca dos negócios públicos: os jovens cediam sem dificuldade à autoridade da experiência. Daí os nomes de *sacerdotes, anciãos, senado* e *gerontes.* Os selvagens da América Setentrional governam-se ainda hoje deste modo, e estão bem governados.

Porém, à medida que a desigualdade da instituição sobrepujou a desigualdade natural, a riqueza ou o poder,[21] foi preferido à madureza, a aristocracia tornou-se eletiva. Por último, o poder transmitido com os bens do pai aos filhos deu origem às famílias patrícias e ao governo hereditário, tendo-se visto até senadores de vinte anos.

Há, pois, três classes de aristocracia: a natural, a eletiva e a hereditária. A primeira só convém aos povos simples, a terceira é a pior forma de governo, a segunda é a melhor: é a aristocracia propriamente dita.

Além da vantagem da diferenciação dos dois poderes, tem a da eleição de seus membros, porque, no governo popular, todos os cidadãos nascem magistrados, porém aqui é limitado seu número e ninguém pode sê-lo senão por eleição,[22] forma pela qual a probidade, as luzes, a experiência e todos os outros motivos de preferência e de estima pública são outras tantas novas garantias de ser governado sabiamente.

Ademais, as assembleias constituem-se mais comodamente, os negócios resolvem-se com mais ordem e presteza, o crédito do Estado está melhor firmado no estrangeiro, sustentado por veneráveis senadores, em vez de sê-lo por uma multidão desconhecida ou menosprezada.

Em uma palavra, a ordem melhor e mais natural é a de que os mais sábios governem a multidão quando se tem a certeza de que governarão em seu proveito e não no próprio. Não devem multiplicar-se em vão os expedientes nem fazer com vinte mil homens o que pode ser feito com cem escolhidos. Porém, deve notar-se que o interesse do corpo começa neste caso a dirigir a força pública sem considerar a vontade geral, e que outra tendência inevitável tira às leis parte do poder executivo.

A respeito das conveniências particulares, não é necessário nem um Estado tão pequeno, nem um povo tão simples e tão justo, que a execução das leis siga imediatamente à vontade pública, como numa boa democracia. Não é tampouco necessária uma nação tão grande que os chefes disseminados para governar possam exercer uma espécie de soberania, cada um em seu departamento, e começar por tornar-se independentes e terminar convertendo-se em senhores.

Porém, se a aristocracia exige algumas virtudes a menos que o governo popular, em compensação exige outras que lhe são próprias, como a moderação dos ricos e a conformação dos pobres, porque parece que uma rigorosa igualdade seria fora de lugar. Não foi observada nem mesmo em Esparta.

Entretanto, se esta forma leva consigo desigualdade de fortunas, é para que, em geral, a administração dos negócios públicos seja confiada àqueles que podem melhor dedicar-lhe o seu tempo, porém não, como pretende Aristóteles, para que os ricos sejam os preferidos. Pelo contrário, importa que um engano numa eleição mostre alguma vez ao povo que há no mérito dos homens razões de preferência mais importantes do que a riqueza.

Capítulo VI
Da monarquia

Até aqui temos considerado o príncipe como uma pessoa moral e coletiva, unida pela força das leis e depositária no Estado do poder executivo. Vamos agora considerar este poder reunido em mãos de uma pessoa natural, de um homem real, que por si só tenha o direito de dispor dele segundo as leis. Isto é o que se chama monarquia ou reinado.

Contrariamente a todas as outras administrações, em que um ser coletivo representa o indivíduo, nesta um indivíduo representa um ser coletivo, de sorte que a unidade moral constituída pelo príncipe é, ao mesmo tempo, unidade física, na qual todas as faculdades que a lei reúne, nas outras formas, com tantos esforços, encontram-se naturalmente reunidas.

Assim, a vontade popular, a do príncipe, a força pública do Estado, a particular do governo, respondem ao mesmo móvel. Todas as diretrizes da máquina estão em mão única e tudo conduz ao mesmo fim. Não há movimentos opostos e não se pode imaginar constituição que com menos esforço produza uma ação mais considerável. Arquimedes, assentado tranquilamente na praia e pondo sem esforço a flutuar um grande navio, representa-se-me um hábil monarca governando do próprio gabinete seus vastos Estados, movimentando tudo, embora aparentemente imóvel.

Porém, se não há governo que possua mais vigor, tampouco há outro em que a vontade particular tenha mais império e domine mais facilmente os outros. Tudo conduz ao mesmo fim, é certo, porém este não é o da felicidade pública, e a própria força da administração se converte incessantemente em prejuízo do Estado.

Os reis querem ser absolutos, quando se lhes diz que o meio mais prático para sê-lo é fazer-se amar pelo povo. Esta máxima é muito bela e mesmo verdadeira sob certo ponto de vista. Infelizmente, ridiculariza-se nas cortes. O poder que nasce do amor dos povos é, sem dúvida, o maior, mas é precário e condicional. Os príncipes não se conformarão com ele. Os melhores reis querem ser malvados, se lhes apraz, porém sem deixar de serem os amos. Um orador político poderá dizer-lhes que sendo a força do povo a sua, seu maior interesse está em que este seja florescente, numeroso e invencível, porém não ignorará que isto é inverídico.

Seu interesse pessoal é, primeiramente, que o povo seja fraco, miserável, e que não possa, em qualquer caso, oferecer-lhe resistência. Confesso que supondo a todos os súditos perfeitamente submissos, o interesse do príncipe será que o povo seja poderoso, a fim de que este poder o torne invencível perante seus vizinhos. Porém, como este interesse é secundário e subordinado, as duas suposições são incompatíveis e é natural que os príncipes deem preferência à máxima que lhes é mais imediatamente útil. Isto é o que Maquiavel tem demonstrado até a evidência. Tratando de dar lições aos reis, ele deu grandes aos povos. *O Príncipe,* de Maquiavel, é o livro dos republicanos.[23]

Temos encontrado, nos pontos de vista gerais, que a monarquia é somente conveniente aos grandes Estados, e isto mesmo constatamos examinando-a cuidadosamente. Quanto mais numerosa é a administração pública, mais diminuem as relações do príncipe com os seus súditos e mais se aproxima à igualdade, de sorte que esta relação equivale à igualdade na democracia. Esta mesma relação aumenta à medida que o governo se concentra, e está no seu *maximum* quando cai nas mãos de um só indivíduo. Então há uma grande distância entre o príncipe e o povo, e o Estado carece de laço de união. Para formá-lo são necessárias ordens intermediárias, príncipes, pessoas proeminentes e nobreza. Entretanto, nada disto convém a um pequeno Estado, ao qual estas hierarquias arruinariam.

Mas se é difícil que um grande Estado seja bem regido, muito mais o será para ser governado por um indivíduo, e todo o mundo sabe o que acontece quando o rei nomeia substitutos.

Um defeito essencial e inevitável, que colocará sempre o governo monárquico por baixo do republicano, é que neste a opinião somente eleva aos primeiros postos os homens de destaque e capazes que os regem com honra, enquanto os que chegam a eles nas monarquias não são, frequentemente, mais do que trapaceiros, velhacos e intrigantes, os quais, com a sua curta inteligência, conseguem galgar postos graças às cortes, não servindo senão para mostrar publicamente sua inaptidão. O povo engana-se menos nestes casos do que o príncipe, e um homem de verdadeiro mérito é quase tão raro no ministério como um néscio à testa de um governo republicano. Assim, quando por um acaso feliz, um desses homens nascidos para governar toma o timão dos negócios de uma monarquia, quase levada ao abismo por essa chusma de politiqueiros, surpreendem-no os recursos que encontra e isso faz época na história de um país.

Para que um Estado monárquico pudesse ser bem governado, seria necessário que a extensão fosse proporcional às faculdades daquele que o governasse. É mais fácil conquistar que reinar. Com uma alavanca poderosa pode-se mover o mundo, porém para sustentá-lo são necessárias as costas de Hércules. Por pequeno que seja um Estado, o príncipe é quase sempre menor. Quando, pelo contrário, o Estado é muito pequeno para o seu chefe, seguindo sempre o seu critério, esquece os interesses do povo e não os faz menos infelizes pelo excesso de talento, como no caso de um chefe de limitada inteligência pelo que lhe falta. Seria necessário, por assim dizer, que os limites do reino se tornassem maiores ou menores na proporção dos do príncipe, enquanto possuindo os talentos de um Senado medidas mais acertadas, o Estado pode ter limites constantes e a administração ser melhor.

O mais sensível inconveniente do governo de um só homem é o defeito desta sucessão contínua que forma nos outros dois uma corrente não interrompida. Morto um rei é necessário outro. As eleições deixam perigosos intervalos sendo sempre tempestuosos, e a não ser que os cidadãos não possuam um desinteresse e uma integridade extraordinária, as negociatas e a corrupção tomam neles um bom lugar. É difícil que aquele a quem o Estado se vendeu não se venda por sua vez e que não se indenize, à custa dos fracos, dos anteriores sacrifícios. Mais cedo ou mais tarde, tudo se transforma em venal numa tal administração, e a paz que se goza sob tais reis é pior que a desordem nos interregnos.

Que fazer para prevenir estes males? Tem-se vinculado entre certas famílias as coroas e estabeleceu-se uma ordem de sucessão que impeça qualquer disputa à morte dos reis, isto é, que subsistindo o inconveniente das regências ao das eleições, preferiu-se uma tranquilidade aparente a uma administração sábia, preferindo correr o risco de ter por chefes crianças, monstros ou imbecis, que ter que disputar a eleição de bons reis. Não se considerou que, expondo-se assim aos riscos da alternativa, quase todas as possibilidades se lhe contrapõem. É uma frase muito sensata a do jovem Dionísio, a quem seu pai, reprovando-lhe uma má ação, disse: — Dei-te eu esse exemplo?! — Ah! — respondeu o filho — vosso pai não era rei![24]

Tudo contribui para privar de justiça e de razão a um homem elevado para mandar nos outros. Fazem-se grandes esforços, ao que se diz para ensinar aos príncipes a arte de reinar, porém, não parece que esta educação tenha dado os frutos desejados. Melhor seria se os ensinassem a obedecer. Os grandes reis registrados pela História não foram educados para reinar: esta é uma ciência na qual não é melhor aquele que a estudou, e que se adquire melhor obedecendo do que mandando. *Nam utilissimus idem ac brevissimus bonarum malarumque rerum delectus cogitare quid aut nolueris sub alio principe, aut volueria.*[25]

Consequência deste defeito de coerência é a inconstância do governo real, que se apoiando ora sobre um plano, ora sobre outro, segundo o caráter do príncipe que reina, ou no das pessoas que reinam por ele, não pode durante muito tempo ter um fim certo nem uma conduta consequente, variação que faz sempre flutuar ao Estado de máxima em máxima, de projeto em projeto, o que não acontece nos outros governos em que o príncipe é sempre o mesmo. Assim, vê-se que, em geral, se há mais astúcia numa corte, há mais sabedoria num senado, e que as repúblicas tendem a seus fins por vias mais retas e constantes, da mesma forma que cada revolução no ministério produz outra no Estado, sendo, como é, a máxima comum de todos os ministros e em geral de todos os reis, seguir em tudo o sistema oposto ao do antecessor.

Desta mesma incoerência tira-se ainda a solução de um sofisma muito familiar aos políticos monárquicos. É o de comparar não somente o governo civil com o doméstico e o príncipe com o chefe de família, erro já refutado, senão o de outorgar liberalmente a este magistrado todas as virtudes de que necessita e supor que o príncipe é sempre o que deve ser, suposição com ajuda da qual o governo real é preferível a qualquer outro, porque é incontestavelmente mais forte, e porque, para ser o melhor, não lhe falta mais que uma vontade de corpo para estar de acordo com a vontade geral.

Porém, se segundo Platão,[26] o rei por natureza é um personagem tão raro, quantas vezes a natureza e a fortuna concorrem a coroá-lo? E se a educação real corrompe necessariamente aqueles que a recebem, que pode esperar-se de uma série de homens educados para reinar? É, pois, inútil confundir o governo real com o governo de um bom rei. Para ver o que é este governo em si, deve ser considerado tendo príncipes limitados ou malvados, porque chegarão assim ao trono ou este os fará assim.

Estas dificuldades não têm passado despercebidas aos nossos autores, porém isto não os embaraçou. O remédio é, dizem, obedecer sem murmurar. Deus dá maus reis na Sua cólera e os faz suportar como castigo do céu. Esta teoria é edificante, sem dúvida, porém não sei se ficará melhor num púlpito do que num livro político. Que se dirá do médico que promete milagres e cuja sabedoria toda é exortar o doente a ter paciência? Infelizmente, sabemos que não há outro recurso senão aguentar os maus governos, porém, a questão toda é encontrar um que seja bom.

Capítulo VII
Dos governos mistos

Propriamente falando, não há governo simples. É preciso que um chefe único possua magistrados subalternos e que um governo popular tenha um chefe. Assim, na divisão do poder executivo, há sempre gradação do maior ao menor número com a diferença de que umas vezes depende o maior do menor, e outras, vice-versa.

Às vezes a divisão é igual, quer quando as partes constituintes estão numa dependência mútua, como no governo da Inglaterra, quer quando a autoridade de cada parte é independente, porém imperfeita, como na Polônia. Esta última forma é má, porque não existe unidade no governo e o Estado carece de conexão.

É melhor um governo simples ou um misto? Esta questão é muito debatida pelos políticos, sendo preciso dar a ela a mesma resposta que antes dei à questão das diversas formas de governo.

O governo simples é o melhor em si, por ser simples. Porém, quando o poder executivo não depende bastante do legislativo, digamos quando há mais relação do príncipe para com o soberano que do povo para com o príncipe, é necessário remediar este defeito de proporção dividindo o governo, porque então todas as partes não têm menos autoridade sobre os súditos, e sua divisão os torna menos fortes contra o soberano.

Evita-se também esse mesmo inconveniente estabelecendo magistrados intermediários que, deixando o governo íntegro, tendem a equilibrar os dois poderes e a manter seus direitos respectivos. Então o governo não é misto, é temperado.

Pode remediar-se, por meios semelhantes, o inconveniente oposto, e quando o governo é muito fraco, eleger tribunais para concentrá-lo. Isto se faz em todas as democracias. No primeiro caso, divide-se o governo para enfraquecê-lo, e no segundo para fortalecê-lo, porque o *maximum* de força e de fraqueza se acha igualmente nos governos simples, assim como as formas mistas dão uma força média.

Capítulo VIII
Qualquer forma de governo não é própria para cada país

Não sendo a liberdade fruto de todos os climas, não está ao alcance de todos os povos. Quanto mais se medita este princípio firmado por Montesquieu, mais se pretende rebatê-lo, mais ocasiões se facultam em estabelecê-lo com novas provas.

Em todos os governos do mundo, a pessoa pública consome e não produz. Donde provém esta substância consumida? Do trabalho dos seus membros. É o supérfluo dos particulares que produz o necessário para o público; donde se segue que o estado civil não pode subsistir senão enquanto o trabalho dos homens satisfaz às suas necessidades.

Todavia este excedente não é o mesmo em todos os países. Em muitos é considerável, em outros, medíocre, nalguns, nulo, noutros, negativo. Isto depende da fertilidade do clima, da quantidade de trabalho que a terra exige, da natureza dos seus produtos, da força de seus habitantes, do maior ou menor consumo que faz e de muitas outras circunstâncias.

Por outro lado, todos os governos não são da mesma natureza nem têm as mesmas exigências, e as diferenças fundamentam-se sobre este outro princípio: as contribuições públicas são mais onerosas na proporção que se afastam da sua fonte. Não é só pela quantidade dos impostos que se deve medir esta carga, senão pelo caminho que devem percorrer para voltar às mãos donde saíram. Quando esta circulação é rápida e bem estabelecida, pague-se pouco ou muito, não importa: o povo é sempre rico e as finanças vão sempre bem. Pelo contrário, por pouco que o povo dê, quando este pouco não volta para ele, dando sempre, esgota-se logo. O Estado nunca é rico e o povo é sempre miserável.

Segue-se daí que quanto mais aumenta a distância do governo ao povo, mais onerosos são os tributos. Assim, na democracia está o povo pouco carregado, sobre mais cargas com a aristocracia e, na monarquia, suporta o maior peso. A monarquia somente convém às nações opulentas, a aristocracia, aos estados medíocres tanto em riqueza como em superfície, e a democracia, aos Estados pequenos e pobres.

De fato, com maior reflexão, encontra-se esta diferença entre os Estados livres e os monárquicos. Nos primeiros, tudo se emprega na utilidade comum, nos segundos, as forças públicas e particulares são recíprocas. Uma aumenta com o empobrecimento da outra, e em vez de governar aos súditos para torná-los felizes, o despotismo transforma-os em miseráveis para poder governar.

Vede, pois, que, em cada clima as causas naturais sobre as quais se pode assinalar a forma de governo à qual a força do clima a impele, determinam ainda a espécie de habitantes que deve ter. Os territórios ingratos e estéreis, em que o produto não recompensa o trabalho, devem permanecer incultos e desertos ou quando muito somente povoados pelos selvagens. Os lugares em que o trabalho dos homens dá somente o necessário, devem ser habitados pelos povos bárbaros, toda *politie* seria impossível aí; os territórios em que o excesso do produto sobre o trabalho é medíocre, convêm aos povos livres. Aqueles que possuem terreno abundante e fértil dão muitos produtos com pouco trabalho, para consumir com o luxo do príncipe e supérfluo dos súditos, porque é melhor que este excesso seja absorvido pelo governo do que se dissipe pelos particulares. Sei que há exceções, porém estas mesmas exceções confirmam a regra e produzem revoluções que colocam as coisas na sua ordem natural.

Devemos sempre distinguir as leis gerais das coisas particulares que podem modificar seus efeitos. Mesmo que todo o Meio-dia se cobrisse de repúblicas e todo o Norte de Estados despóticos, não seria menos certo que, por efeito do clima, os despotismos convêm aos países quentes, a barbárie aos frios e a boa política às regiões intermédias. Compreendo que, concordando com este princípio, pode-se discutir a sua aplicação. Poderão dizer que existem países frios muito férteis e meridionais muito ingratos. Mas esta dificuldade desaparece examinando-se a questão sob todos os seus aspectos. É necessário, como já tenho dito, contar as forças, o trabalho e o consumo.

Suponhamos que dois terrenos iguais produzem: um, cinco e outro, dez. Se a população do primeiro consome quatro e do segundo, nove, o excesso do primeiro será de uma quinta parte e o do segundo de uma décima. Sendo a relação destes excessos inversa à dos produtos, o terreno que produz cinco dará um supérfluo duplo do que aquele que produza dez.

Porém não é questão de uma produção dupla e não creio que alguém possa igualar a fertilidade dos países frios com a dos países quentes. Contudo, suponhamos esta igualdade, comparemos a Inglaterra com a Sicília, e a Polônia com o Egito, mais para o Meio-dia encontraremos a África e as Índias, mais para o Norte, nada. Para esta igualdade de produtos, que diferença de cultivo! Na Sicília basta semear o solo, na Inglaterra são necessários cuidados imensos para cultivá-lo. Lá, onde é necessário maior número de braços para obter o mesmo produto, o excesso deve ser necessariamente menor.

Consideramos, ademais, que o mesmo número de homens consome mais nos países quentes. O clima exige sobriedade, e os europeus, que pretendem viver neles como no seu, sofrem de disenteria e de indigestões. "Somos", disse Chardin, "bestas carnívoras, lobos, comparativamente com os asiáticos. Alguns atribuem a sobriedade dos persas a que o seu país se acha pouco cultivado, e eu creio, pelo contrário, que seu país abunda menos em produtos porque seus habitantes necessitam menos deles. Se a sua frugalidade fosse consequência da pobreza do país, somente os pobres comeriam menos, e comer-se-ia mais ou menos nas diversas províncias, conforme a fertilidade das mesmas, em vez de encontrar-se a mesma sobriedade em todo o país. Jactam-se de seu gênero de vida, dizendo que basta olhar para eles para reconhecer sua ótima saúde em comparação com a dos cristãos. De fato, os persas têm a pele bela, fina e suave, enquanto a dos armênios, seus súditos, que vivem à moda europeia, é rude e grossa e seus corpos gordos e pesados".

Quanto mais se aproximam os povos do Equador, vivem com menos. Comem pouca carne. O arroz, o milho, o cuscuz, o cassave, são seus alimentos comuns. Existem na Índia milhões de homens cuja alimentação não custa mais do que uns vinténs diários. Mesmo na Europa vemos diferenças sensíveis no apetite dos povos do Norte e dos do Meio-dia. Um espanhol, por exemplo, poderá viver oito dias com a comida diária de um alemão. Nos países onde os homens são mais gulosos, o luxo manifesta-se nas coisas de comer. Na Inglaterra apresenta-se uma mesa cheia de comida, na Itália coberta de doces e flores.

O luxo da vestimenta oferece ainda diferença semelhantes. Nos climas onde as modificações de temperatura são bruscas, os trajes são mais simples e melhores. Naqueles em que o vestido não tem mais objeto que a aparência, procura-se mais a beleza do que a utilidade. Em Nápoles podem ver-se todas as noites passeando pelo Posilipo homens com uma espécie de capa dourada sem mais roupas debaixo. Igual acontece com as construções, tudo é magnificência onde pouco há que temer das inclemências do clima. Em Paris, em Londres, procura-se sempre instalar-se cálida e comodamente. Em Madri, encontram-se numerosos salões soberbos, porém, poucas janelas que fechem hermeticamente e é frequente indivíduos se deitarem sob ninhos de ratos.

Os alimentos são muitos mais substanciosos e suculentos nos climas quentes. Esta é uma terceira diferença que não pode deixar de influir na segunda. Por que se comem tantos legumes na Itália? Porque ali, são bons; nutritivos e de paladar excelente. Na França, onde não contêm mais do que água, não alimentam e nada adianta pô-los nas mesas. Entretanto, não ocupam menos terreno, e custa o mesmo trabalho o seu cultivo. Os trigos da Berbéria, inferiores aos da França, dão maior quantidade de farinha, e os da França, por sua vez, dão mais do que os do Norte, donde se deduz que uma gradação semelhante se observa na mesma direção, do Equador ao Polo. Não é, porém, uma visível desvantagem ter num produto igual menor quantidade de alimento?

A todas estas diferentes considerações posso acrescentar uma que sobre elas se destaca e as afiança, é a de que os países quentes necessitam menos habitantes do que os frios, o que produz um duplo supérfluo, vantajoso para o despotismo. Quanto maior for a superfície ocupada pela mesma quantidade de habitantes, mais difíceis se tornam as revoltas, porque não é fácil combinar rápida e secretamente e sempre será fácil ao governo destruir seus projetos e cortar as comunicações. Porém, quando um povo numeroso se concentra, o governo não pode usurpar os direitos do soberano, os chefes deliberam com tanta segurança nos seus gabinetes, como o príncipe com o seu conselho, e a plebe reúne-se na praça pública com a mesma facilidade que as tropas nos quartéis. A vantagem de um governo tirânico é, pois, a de agir nas grandes distâncias.

Com o auxílio dos pontos de apoio que se procura, sua força aumenta ao longe como a da alavanca.[27] A do povo, contrariamente, só age quando concentrada, evapora-se e perde-se quando se estende, como o efeito da pólvora derramada no chão, que se inflama grão por grão. Os países menos povoados são, por isso, os mais apropriados para a tirania, as feras vivem somente nos desertos.

Capítulo IX
Caracteres de um bom governo

Quando em caráter absoluto se pergunta qual é o melhor governo, discute-se uma questão insolúvel, como indeterminada, ou se se quer, tem tantas soluções boas como combinações há possíveis nas posições absolutas e relativas dos povos.

Porém, se perguntarmos qual o meio para conhecer se um determinado povo está bem ou mal regido, a questão é outra.

Entretanto, não se resolve satisfatoriamente, porque cada um quer fazê-lo à sua maneira. Os súditos louvam a tranquilidade pública, os cidadãos, a liberdade dos particulares. Um prefere a segurança dos bens, outro a das pessoas. Um deseja que o melhor governo seja o mais severo, outro o mais tolerante. Aquele quer que os crimes sejam punidos, este procura evitá-los. Um acha louvável a união com os vizinhos, outro prefere ser por eles ignorado. Um está contente quando o povo tenha pão. Mesmo combinando todos esses pontos, teria adiantado algo? As qualidades morais necessitam uma medida certa, e uma vez de acordo com o signo obter-se-ia a estima?

Por mim, não estranho que as desconheça um signo tão simples ou que se tenha má-fé de não concordar com ele. Qual é o fim da associação política? A conservação e a prosperidade de seus membros. E qual é o melhor sinal de que se conservam e progridem? Seu número e população. Não é, pois, preciso buscar mais longe este signo tão discutido. O governo sob o qual, sem meios estranhos, sem naturalização, sem colônias, os cidadãos desenvolvem-se e multiplicam-se mais, é infalivelmente o melhor. Aquele sob o qual o povo diminui e perece é o pior. Calculistas, vossa missão se reduz a contar, medir e comparar.[28]

Capítulo X
Do abuso do governo e a sua propensão à degeneração

Assim como a vontade particular age sem cessar contra a vontade geral, o governo faz um esforço contínuo contra a soberania.

Quanto mais aumenta este esforço, mais se altera a constituição: e como não há outra vontade do corpo que, resistindo à do príncipe, possa equilibrar-se com ela, sucede, mais cedo ou mais tarde, que o príncipe oprime por fim o soberano e quebra o laço social. Este é o vício inerente e inevitável que desde o nascimento do corpo político tende sem trégua a destruí-lo, assim como a velhice e a morte destroem, por fim, o corpo humano.

Existem dois aspectos gerais pelos quais um governo degenera: quando se concentra e quando se dissolve.

O governo concentra-se quando passa do grande número ao pequeno, isto é, da democracia à aristocracia, e da aristocracia à monarquia. Esta é uma marcha natural.[29] Se o pequeno retrogradasse para o maior número, poderia dizer-se que cedia, porém, este progresso inverso é impossível.

De fato, o governo não muda de forma senão quando sua mola está gasta e, por conseguinte, enfraquecendo não se pode conservar. Ademais, se ao estender-se relaxa-se, sua força será nula e, portanto, subsistirá ainda menos. É, pois, necessário apertar a mola à medida que esta cede: de outro modo, o Estado por ela sustentado cairá em ruínas.

A dissolução do Estado pode dar-se de duas formas. Primeiramente, quando o príncipe não administra o Estado legalmente e usurpa o poder soberano. Então, verifica-se uma mudança notável, e é a seguinte: o Estado, não o governo, concentra-se, quero dizer, que o grande Estado se dissolve e forma-se outro composto unicamente de membros do governo, sendo para o resto do povo senhor e tirano. De sorte que, no instante em que o governo usurpa a soberania, quebra-se o pacto social, e todos os cidadãos, donos de sua liberdade natural, são forçados mas não obrigados a obedecer.

O mesmo acontece quando os membros do governo usurpam separadamente o poder que somente devem exercer em corpo, o que infringe da mesma forma as leis e produz ainda maior desordem.

Então, existem tantos príncipes como magistrados, e o Estado, não menos fracionado que o governo, perece ou muda de forma.

Quando o Estado se dissolve, o abuso do governo toma o nome comum de *anarquia*. Se isso se dá com a democracia, degenera em *oclocracia*, se com a aristocracia, em *oligarquia* e se na monarquia em *tirania*, porém esta última palavra é equívoca e merece uma explicação.

Na acepção vulgar, um tirano é um rei que governa com violência e sem atender à justiça e às leis. Na sua verdadeira acepção, ele é um particular que se arroga a autoridade real sem nenhum direito. Deste modo entendiam os gregos a palavra *tirano*: aplicavam-na indistintamente aos príncipes bons ou ruins cuja autoridade não era legítima.[30] Assim *tirano* e *usurpador* são duas palavras perfeitamente sinônimas.

Para dar diferentes nomes a diferentes coisas, chamo *tirano* ao usurpador de autoridade real, e *déspota* ao usurpador do poder soberano. Tirano é aquele que se ingere contra as leis para governar segundo as mesmas. Déspota, aquele que se coloca por cima das próprias leis. Assim, o tirano pode não ser déspota, porém o déspota é sempre tirano.

Capítulo XI
Da morte do corpo político

Tal é o pendor natural e inevitável dos governos melhor constituídos. Se Esparta e Roma sucumbiram, qual o Estado que poderá durar sempre? Se desejarmos estabelecer algo duradouro, não devemos sonhar em torná-lo eterno. Não se deve intentar o impossível nem dar à obra dos homens uma solidez que as coisas humanas não comportam.

O corpo político, como o do homem, começa a morrer desde que nasce e leva em si mesmo as causas da sua destruição. Porém um e outro podem ter uma constituição mais ou menos robusta e própria para conservá-lo maior ou menor tempo. A constituição do homem é obra da natureza, a do Estado é obra da arte. Não depende dos homens prolongar a vida, depende deles, entretanto, prolongar a do Estado, dando-lhe melhor constituição. O melhor constituído perecerá, porém, mais tarde que o outro, a não ser que algum acidente imprevisto venha acelerar sua perda.

O princípio da vida política está na autoridade soberana. O poder legislativo é o coração do Estado, a força executiva, o seu cérebro, que dá movimento a todas as partes do corpo. O cérebro pode parar, e entretanto o indivíduo continua a viver. Um indivíduo fica imbecil e vive, porém, tão logo o coração cessa em suas funções, morre.

Não é pelas leis que o Estado subsiste, senão pelo poder legislativo. A lei de ontem, hoje não obriga; porém, o consentimento tácito presume-se pelo silêncio, e o soberano não necessita confirmar incessantemente as leis que não derroga, podendo, todavia, fazê-lo. Tudo quanto declarou querer uma vez, o quer sempre, a não ser que o revogue.

Por que, pois, o respeito às velhas leis? Por isso mesmo. Deve supor-se que somente sua excelência foi o que as conservou. Se o soberano não as considerasse constantemente úteis, as teria revogado uma e mil vezes. Por isso, longe de enfraquecerem, as leis adquiriram incessantemente nova força em todo Estado bem constituído: o preconceito da antiguidade as faz cada dia mais veneráveis. Por outra forma, onde as leis se debilitam envelhecendo, fica provado que não há mais poder legislativo, e o Estado perece.

Capítulo XII
Como se mantém a autoridade soberana

Não possuindo o soberano outra força além do poder legislativo, não age senão por leis, e não sendo as leis mais do que atos autênticos da vontade geral, o soberano não pode agir senão quando o povo está reunido. O povo reunido, dirá: que quimera! Hoje é uma quimera, porém não o foi há dois mil anos. Mudaram, pois, os homens de natureza?

Os limites do possível, nas coisas morais, são menos rígidos do que imaginamos. Nossas debilidades, nossos vícios, nossos preconceitos estreitam-nos. As almas mesquinhas não acreditam nos grandes homens. Os vis escravos zombam de *liberdade.*

Pelo que se tem feito, consideremos o que se pode fazer. Não falarei das antigas Repúblicas da Grécia, porém, a República Romana era um grande Estado. O último recenseamento deu quatrocentos mil cidadãos, e o primeiro do império mais de quatro milhões, sem contar os súditos, os estrangeiros, as mulheres, as crianças e os escravos.

Que esforço não supõe reunir frequentemente o povo imenso dessa capital e suas redondezas? Entretanto, passavam poucas semanas sem que o povo romano deixasse de reunir-se, e ainda muitas vezes não somente exercia os direitos de soberania, como também uma parte dos do governo. Tratava certos negócios, julgava determinadas causas e o povo era na praça pública quase tão magistrado como cidadão.

Examinando os primeiros tempos das nações, vemos que a maior parte dos governos, mesmo monárquicos, tais como os dos macedônios e os dos francos possuía conselhos semelhantes. Como quer que seja, só este fato desfaz todas as dificuldades; do existente ao possível, parece-me aceitável a consequência.

Capítulo XIII
Continuação

Não basta que o povo reunido tenha fixado a constituição do Estado, sancionando um corpo legal. Não basta que tenha estabelecido um governo perpétuo, nem que tenha provido de uma vez por todas à eleição dos magistrados. Além das assembleias extraordinárias, que podem ser exigidas por casos imprevistos, é preciso haver outras fixas e periódicas, que ninguém possa abolir nem prorrogar, de tal forma que, no dia marcado, o povo esteja legitimamente convocado pela lei, sem que seja necessária para isso outra convocação.

Porém, fora das assembleias jurídicas pela própria data, toda reunião que não tenha sido convocada pelos magistrados com as formalidades expressas deve ser tida como ilegítima, e tudo quanto nelas se fizer, considerado nulo, porque a própria ordem de reunir-se deve emanar da lei.

A respeito da maior ou menor frequência das assembleias legítimas, depende de tantas considerações que é impossível regulá-las. Somente se pode dizer, em geral, que o soberano deve reunir-se tanto mais frequentemente quanto maior seja a força do governo.

Isto, poderão objetar, pode ser bom para uma só cidade, porém, que fazer quando o Estado se compõe de muitas? Dividirá a autoridade soberana, ou deve concentrá-la numa única cidade, submetendo a ela as outras?

Responderei que não se deve fazer nem uma nem outra coisa. Primeiramente, a autoridade soberana é simples, una e não pode ser dividida sem ser destruída. Em segundo lugar, uma cidade, como uma nação, não pode legitimamente ser submetida a outra, porque a essência do corpo político está na concordância da obediência e da liberdade, e as palavras *súdito* e *soberano* são correlações idênticas cuja ideia se reúne num único nome, o de *cidadão.*

Respondo ainda que é sempre um mal reunir diversas cidades em uma só, e que, querendo fazer tal união, não nos devemos gabar de termos evitado os inconvenientes naturais. Não se deve objetar o abuso dos grandes Estados, àquele que só deseja pequenos. Porém, como dar aos pequenos força bastante para resistir aos grandes, como em outros tempos resistiram as cidades gregas ao grande rei, e como mais recentemente a Holanda e a Suíça têm resistido à Casa da Áustria?

De todos os modos, se não é possível reduzir o Estado aos seus justos limites, resta um recurso: não instalar a capital, obrigar o governo a residir alternativamente em cada cidade e reunir desta forma os Estados.

Povoai igualmente o território, estendei nele os mesmos direitos, levai nele a fartura e a vida. Deste modo chegará a ser ao mesmo tempo mais forte e melhor governado. Lembrai-vos de que as muralhas das cidades se formam dos restos das casas dos campos. Para cada palácio que for levantado na capital, julgo ver sepultar-se em ruínas todo um país.

Capítulo XIV
Continuação

No momento em que o povo está legitimamente reunido em corpo soberano, toda jurisdição de governo cessa, o poder executivo suspende-se, e a pessoa do último cidadão é tão sagrada e inviolável como a do primeiro magistrado porque onde se acha o representado não há representante. A maior parte dos tumultos que se originaram em Roma, nos comícios, teve sua causa no esquecimento ou negligência desta regra. Os cônsules não eram então senão os representantes do povo; os tribunos, simples oradores;[31] o Senado, absolutamente nada.

Estes intervalos de suspensão, em que o príncipe reconhece, ou deve reconhecer, um superior atual, foram-lhe sempre odiosos, e as assembleias do povo, que são o amparo do corpo político e o freio do governo, têm sido, em todos os tempos, o horror dos chefes. Assim não perdoa jamais cuidados, objeções, dificuldades, promessas para exasperar os súditos. Quando esses são avarentos, covardes, pusilânimes, mais amantes do repouso do que da liberdade, não se sustentam por muito tempo contra os repetidos ataques do governo. Assim é que, aumentando a força sem cessar, a autoridade soberana desvanece-se finalmente, e a maior parte das nações cai e perece antes do tempo.

Porém, entre a autoridade soberana e o governo arbitrário se insinua às vezes um poder intermediário, do qual se torna necessário falar.

Capítulo XV
Dos deputados ou representantes

Logo que o serviço público deixa de ser a principal ocupação dos cidadãos, e estes preferem seu interesse, o Estado se aproxima da sua ruína. É preciso ir ao combate, e então pagam às tropas e deixam-se ficar em casa. É preciso ir ao conselho, mas nomeiam deputados e permanecem em casa. Por força da preguiça e do dinheiro, têm soldados para servir à pátria e representantes para vendê-la.

É o desbaratamento do comércio e das artes, é o cobiçoso interesse do lucro, é a moleza e o amor às comodidades quem troca os serviços pessoais em dinheiro. Cede-se uma parte dos proveitos pessoais para aumentá-los com maior facilidade. Dai prata e logo tereis ferro. A palavra *fazenda* é palavra de escravidão, sendo desconhecida na cidade. Num Estado realmente livre, os cidadãos fazem tudo com seus braços e nada com sua bolsa. Longe de pagar para eximir-se de seus deveres, pagarão para cumpri-los. Estou pouco inclinado a professar as ideias comuns. Considero menos contrário à liberdade o trabalho pessoal do que as quotas.

Quanto melhor constituído estiver o Estado, tanto mais prevalecem os negócios públicos sobre os privados no ânimo dos cidadãos. Há ainda nele muito menos negócios privados porque, subministrando à soma do bem-estar comum uma porção considerável ao de cada indivíduo, tem menos a fazer nos seus cuidados particulares. Numa nação bem regida, todos correm às assembleias. Sob um mau governo, ninguém tem interesse por isso, porque está certo que a vontade geral jamais dominará, e, porque, enfim, tudo é absorvido pelos cuidados domésticos. As boas leis fazem outras melhores; as más, fazem as piores. Quando se diz dos negócios do Estado, *que me importa?*, o Estado está perdido.

O desinteresse pelo amor pátrio, a atividade do interesse privado, a imensidade dos Estados, as conquistas, o abuso do governo, fizeram imaginar a conduta dos deputados ou representantes do povo nas assembleias da nação. Isto é o que em alguns países ousaram chamar *terceiro estado*. Assim, o interesse particular de duas ordens se coloca no primeiro e segundo lugar; o interesse público coloca-se no terceiro.

A soberania não pode ser representada, pela mesma razão que não pode ser alheada. Consiste essencialmente na vontade geral, e esta vontade não se representa. É a mesma ou é outra, e nisto não há termo médio. Os deputados do povo não são, pois, nem podem ser, seus representantes, são simplesmente seus comissários que não estão aptos a concluir definitivamente. Toda lei que o povo pessoalmente não retificou é nula e não é uma lei. O povo inglês pensa ser livre e engana-se. Não o é senão durante a eleição dos membros do Parlamento. Uma vez estes eleitos, torna-se escravo e nada mais é. Nos curtos momentos de sua liberdade, o uso que dela faz bem merece que a perca.

A ideia dos representantes é moderna, procede do governo feudal, deste iníquo e absurdo governo, no qual se degradou a espécie humana e onde o nome de homem constitui uma desonra. Nas antigas repúblicas, e mesmo nas monarquias, jamais o povo teve representantes ou conheceu este vocábulo. Em Roma, onde os tribunos eram sagrados, nem sequer suspeitavam que pudessem usurpar as funções do povo, e no meio de tão grande multidão não tinham intenção de contrariar um só plebiscito que fosse. Julgue-se, entretanto, da dificuldade que provocava a plebe às vezes quando uma parte dos cidadãos dava seu voto sem sair de casa, como no tempo dos Gracos. Ali, onde o direito e a liberdade são tudo, os inconvenientes nada constituem. Neste sábio povo, tudo estava colocado na sua justa medida, deixava fazer aos seus lictores o que não teriam ousado fazer seus tribunos. Não pensava que os lictores pretendessem representá-lo.

Para explicar como os tribunos o representavam, basta imaginar como o governo representa o soberano.

Sendo a lei a declaração da vontade geral, está claro que no poder legislativo não pode o povo ser representado, porém, pode e deve sê-lo no poder executivo, que é a força aplicada à lei. Isto explica que poucas nações possuam verdadeiras leis. Seja como for, é certo que os tribunos, não tendo participação do poder executivo, não podiam representar o povo romano pelos direitos de seus cargos, senão usurpando os do Senado.

Entre os gregos, tudo o que o povo devia fazer, fazia-o por si mesmo e estava constantemente reunido.

Gozava de um clima doce e não era avarento, os escravos faziam seus trabalhos e sua ocupação era sua liberdade. Não tendo as mesmas vantagens, como conservar os mesmos direitos? Vossos climas inclementes aumentaram vossas necessidades,[32] durante seis meses do ano é intransitável a praça pública. Vossas vozes surdas não são ouvidas ao ar livre. Dai mais ao vosso lucro que à vossa liberdade e temei menos a escravidão que a miséria.

Por acaso a liberdade não se mantém senão com o apoio da servidão? Talvez. Ambos os extremos se tocam. Tudo quanto não se encontra na natureza tem seus inconvenientes, e, sobretudo, a sociedade civil. Há situações em que o cidadão não pode ser livre sem ter escravos. Tal foi a posição de Esparta. Vós, povos modernos, não tendes escravos, porém o sois. Pagais a liberdade deles com a vossa. Jactai-vos desta preferência, e para mim, acho nela menos humanidade que covardia.

Não entendo, por isso, que deve haver escravos nem que o direito da escravidão seja legítimo, posto que demonstrei o contrário. Indico somente as razões pelas quais os povos modernos, que se julgam livres, têm representantes e por que os povos antigos não os possuíam. Seja como for, quando um povo nomeia representantes, deixa de ser livre.

Bem considerada, não vejo a possibilidade de que o soberano possa conservar os seus direitos se a nação não for muito pequena. Porém, sendo muito pequena, será subjugada? Não. Mais tarde[33] demonstrarei como se pode reunir o poderio exterior de um grande povo com a fácil polícia, é a boa ordem de um pequeno Estado.

Capítulo XVI
A instituição do governo não é um contrato

Uma vez bem estabelecido o poder legislativo, trata-se de estabelecer ao mesmo tempo o poder executivo, porque este, que age só por atos particulares, não sendo essência do outro, está naturalmente afastado dele. Se fosse possível que o soberano, considerado como tal, tivesse o poder executivo, o direito e o fato confundir-se-iam de tal modo, que não se poderia saber o que era lei e o que não era, e o corpo político, assim desnaturalizado, espedaçar-se-ia com a mesma violência com que fora instituído.

Sendo todos os cidadãos iguais pelo contrato social, o que todos fazem podem também fazer prescrever, assim como ninguém pode exigir que outro faça o que ele não faz por si mesmo. Este é o direito indispensável para dar príncipe, instituindo o governo.

Muitos pretenderam que o ato deste estabelecimento era um contrato entre o povo e os chefes, pelo qual se estipulavam por ambas as partes as condições, mediante as quais um se obriga a mandar, e o outro, a obedecer. Convenhamos em que é esta uma forma singular de fazer um contrato. Porém, vejamos antes se esta opinião é sustentável.

Primeiramente, a autoridade suprema não pode ser modificada nem alienada; limitá-la é destruí-la. É absurdo e contraditório que o soberano se dê a um superior: obrigar-se a obedecer a um amo é colocar-se em plena liberdade.

Ademais, é evidente que o contrato do povo com determinadas pessoas seria um ato particular, que não poderia ser nem uma lei nem um ato de soberania e que, portanto, seria ilegítimo. Vê-se ainda que as partes contratantes estariam sob a única lei da natureza e sem garantia alguma das obrigações recíprocas, o que repugna ao estado civil, sendo que aquele que tivesse em suas mãos a força seria o dono de executá-la, o que equivaleria a dar o nome de contrato ao ato de um homem que dissesse a outro: "Dou-te todos os meus bens com a condição de cederes-me o que eu quiser."

Não existe mais do que um contrato, dentro do Estado, que é o de associação, e este com exclusão de outro qualquer. Não podemos imaginar um contrato público que não seja uma violação do primeiro.

Capítulo XVII
Da instituição do governo

Sob que ponto de vista deve, pois, considerar-se o ato pelo qual o governo se institui? Farei, entretanto, notar que este é complexo ou composto de outros dois: o estabelecimento da lei e a sua execução.

Pelo primeiro, o soberano determina que fica estabelecido um corpo de governo de tal ou qual forma: este ato é uma lei. Pelo segundo, o povo nomeia os chefes encarregados do governo estabelecido. Sendo esta nomeação um ato particular, não é outra lei, senão uma consequência da primeira e uma função do governo.

A dificuldade consiste em compreender como pode efetuar-se um ato de governo antes que este exista, e como o povo, que é o soberano ou súdito, pode tornar-se príncipe ou magistrado conforme as circunstâncias.

Descobre-se aqui uma dessas surpreendentes propriedades do corpo político, pelas quais concilia operações, em aparência contraditórias, porque isto se faz por uma conversão súbita da soberania em democracia, de sorte que, sem mudança sensível, e somente por uma nova relação de todos a todos, os cidadãos, feitos magistrados, passam dos atos gerais aos particulares, e da lei à execução.

Esta mudança de relação não é uma habilidade da especulação. Acontece todos os dias no Parlamento da Inglaterra, em que a Câmara Baixa, em determinadas ocasiões, organiza-se em grande comitê, para melhor discutir os negócios, e se transforma de corte soberana que era em simples comissão, de modo que relaciona a si mesma como Câmara dos Comuns o que acabava de fazer em grande comitê e delibera novamente sob um título o que de antemão resolvera sob outra denominação.

Essa é a vantagem, própria do governo democrático, de poder ser instituído de fato por um simples ato da vontade geral, depois do qual o governo provisório entra na posse, se tal é a forma adotada, ou estabelece, em nome do soberano, o governo prescrito pela lei, ficando assim tudo normalizado. Não é possível instituir o governo de outra maneira legítima, e sem renunciar aos princípios anteriormente estabelecidos.

Capítulo XVIII
Meios de prever as usurpações do governo

Destes esclarecimentos resulta, como confirmação do capítulo XVI, que o ato que institui o governo não é um contrato, senão uma lei; que os depositários do poder executivo não são os amos do povo, senão seus empregados; que pode nomeá-los e destituí-los quando quiser; que não lhes corresponde contratar e sim obedecer e que, encarregando-se das funções que o Estado lhes confiou não fazem mais do que cumprir seu dever de cidadãos, sem terem direito a discutir as condições.

Quando acontece que o povo institui um governo hereditário, monárquico numa família, aristocrático em determinados cidadãos, não é um contrato o que efetua, e sim uma forma provisória de dar a administração, até que lhe aprouver revogá-lo.

É verdade que estas mudanças são sempre prejudiciais e que nunca se deve mexer no governo estabelecido senão quando é incompatível com o bem público, porém, esta circunspecção é uma máxima da política, e não uma regra de direito, e o Estado não está mais obrigado a deixar a autoridade civil a seus chefes do que a militar aos seus generais.

É verdade que não seria possível, nesse caso, observar todas as formalidades exigidas para distinguir um ato regular e legítimo de um ato sedicioso, e a vontade de todo um povo dos clamores de uma facção. E neste caso, sobretudo, não se deve considerar como um fato odioso, mas sim o que se não lhe pode recusar em pleno direito. Desta obrigação se aproveita o príncipe para conservar seu poder apesar do povo, sem que possa dizer-se que o usurpou: porque parecendo somente usar de seus direitos, torna-se-lhe fácil estendê-los e impedir, sob pretexto do bem público, as assembleias destinadas a restabelecer a ordem, de sorte que se prevalece de um silêncio que impede romper ou de irregularidades precisas para supor em seu favor o voto dos que o medo fez calar e para castigar os que ousam protestar. Deste modo, os decênviros, eleitos por um ano, continuaram outro e intentaram reter perpetuamente o poder, não permitindo as reuniões em comícios, e por este meio fácil, todos os governos do mundo, uma vez possuidores da força pública, usurpam mais cedo ou mais tarde a autoridade soberana.

As assembleias periódicas, de que antes falei, são as indicadas para prever ou retardar este mal, sobretudo quando não necessitam convocatória, porque então o príncipe não pode impedi-las sem declarar-se abertamente infrator das leis e inimigo do Estado. A abertura das assembleias, que têm a finalidade de manter o pacto social, deve sempre fazer-se por duas propostas que não podem suprimir-se e que se afastam nos sufrágios: Primeira, *se convém ao soberano conservar a forma de governo;* segunda, *se convém ao povo deixar a administração aos que atualmente estão dela encarregados.*

Estou supondo aqui o que creio ter demonstrado, que não há no Estado lei alguma fundamental que não possa ser revogada, nem mesmo o pacto social, porque se todos os cidadãos se reunissem para romper este pacto de comum acordo, não há dúvida que mesmo assim não seria legitimamente roto. Grócio ainda acredita que cada um pode renunciar ao Estado de que é membro e recuperar sua liberdade natural e seus bens saindo do país.[34] Todavia, seria absurdo que todos os cidadãos reunidos não pudessem fazer o que pode fazer separadamente cada um deles.

LIVRO QUARTO

Capítulo I
A vontade geral é indestrutível

Quando muitos homens reunidos se consideram como um só corpo, têm uma única vontade que se refere à comum conservação e ao bem-estar geral. Então todas as molas do Estado são vigorosas e simples, suas máximas claras e luminosas. Não existem interesses confusos, contraditórios. O bem comum se mostra em geral com evidência e não exige senão bom senso para ser reconhecido. A paz, a união, a igualdade, são inimigos das chicanas políticas. Os homens direitos e simples são difíceis de enganar devido à sua simplicidade. Os enganos, os pretextos astuciosos não os surpreendem, são simples demais. Quando se vê no mais feliz dos povos do mundo os camponeses resolverem os negócios do Estado sob as árvores e sempre com sabedoria, pode-se deixar de não desprezar as ardilosas astúcias de outras nações, que se tornam ilustres e desprezíveis com tanto artifício e mistério?

Um Estado, governado assim, necessita de poucas leis, e à medida que se torna necessário promulgar outras novas, esta necessidade se evidencia universalmente. O primeiro que as propõe não faz mais do que formular o que todos já sentiram, e não é questão de eloquência transformar em lei o que cada um resolveu cumprir, uma vez convencido de que os outros farão o mesmo.

O que engana aos raciocinadores é que não veem que nos Estados mal constituídos na sua origem não é possível semelhante ordem de coisas. Gozam imaginando todas as tolices que um rapazola esperto, um charlatão insinuante, poderia fazer acreditar ao povo de Paris ou de Londres. Ignoram que o povo de Berna teria aplicado a Cromwell a clava, e os genoveses, no duque de Beaufort, o chicote.

Porém, quando começa a desmembrar-se o nó social, e o Estado a debilitar-se, quando os interesses particulares começam a impor-se, e as pequenas sociedades a influir sobre as grandes, o interesse comum se altera e encontra oposição. A unanimidade não reina nos votos, a vontade geral não é a de todos, e levantam-se contradições, debates, e o melhor conselho não passa sem discussões.

Enfim, quando o Estado, próximo à sua ruína, não subsiste mais que por uma forma ilusória e vã, quando o laço social está roto em todos os corações, quando o vil interesse aparece perante o bem público, então a vontade geral emudece, todos, guiados por motivos secretos, não opinam como cidadãos como se o Estado jamais tivesse existido, e se faz passar falsamente sob o nome de leis os decretos iníquos, cujo único fim é o interesse particular.

Resulta disto que a vontade geral se anula ou corrompe? Não, esta é sempre constante, inalterável e pura, porém se acha subordinada a outras. Cada um, afastando seu interesse do interesse comum, compreende perfeitamente que não deve fazê-lo, mas a parte do mal público parece-lhe insignificante comparando-a ao bem exclusivo de que pretende apropriar-se. Este bem particular excetuado deseja o bem geral pelo próprio interesse tanto como qualquer outro. Embora vendendo seu voto, não extingue nele a vontade geral, mas esquiva-a.

A falta que comete é mudar o estado da questão e responder a outra coisa diferente da que se lhe pergunta. Em vez de dizer pelo seu voto: *é vantajoso para o Estado*, diz: *é vantajoso para tal homem ou para tal partido que tal coisa aconteça*. Assim, a lei da ordem pública nas assembleias não é tanto manter a vontade geral como fazer que seja interrogada e que esta responda sempre.

Muitas considerações poderia eu fazer sobre o simples direito de votar em todo ato de soberania, direito que ninguém pode tirar aos cidadãos, e de opinar, propor, desmembrar, discutir, que o governo tem o cuidado de não deixar senão aos seus membros, mas esta importante questão exigiria um tratado separado porque eu não posso explanar tudo aqui.

Capítulo II
Dos sufrágios

Vê-se, no capítulo precedente, que pelo modo como são tratados os negócios públicos pode-se ter uma ideia bastante exata do estado atual dos costumes e da saúde do corpo político. Quanto mais harmonia reinar nas assembleias, quanto mais se aproximam os acordos da unanimidade, mais dominante é a vontade geral, porém os longos debates, as dissensões, o tumulto, anunciam o ascendente dos interesses particulares e o declínio do Estado.

Isto parece menos evidente, quando duas ou mais ordens entram na sua constituição, como em Roma os patrícios e os plebeus, cujas querelas perturbaram sempre os comícios, mesmo nos melhores tempos da república, porém esta exceção é mais aparente do que real, porque então, pelo vício inerente ao corpo político, há, por assim dizer, dois Estados em um. O que não está certo para eles juntos o é para cada um separadamente. E, de fato, mesmo nos tempos mais agitados, os plebiscitos do povo, quando o Senado não se misturava neles, cediam sempre tranquilamente perante a maioria dos sufrágios, não tendo os cidadãos mais do que um interesse, o povo só tinha uma vontade.

Na extremidade oposta do círculo, a unanimidade retorna. É quando cidadãos, caídos na servidão, não têm nem liberdade nem vontade. Então o medo e a fraqueza mudam pela aclamação os sufrágios. Não se delibera, adora ou amaldiçoa. Foi esta a vil maneira de o Senado opinar sob os imperadores. Às vezes se fazia isto com precauções ridículas. Tácito conta que sob Otão os senadores enchiam Vitélio de execrações, fazendo ao mesmo tempo um barulho espantoso, a fim de que, se voltasse a ser o amo, não pudesse saber o que cada um deles havia dito.

Destas considerações nascem as máximas sobre as quais deve regular-se a forma de contar os votos e compará-los segundo que a vontade geral seja mais ou menos fácil de conhecer e o Estado declina mais ou menos.

Uma única lei há que pela sua natureza exige um consentimento unânime: o pacto social, porque a associação civil é o ato mais voluntário do mundo. Nascendo todo homem livre e dono de si mesmo, ninguém pode, sob pretexto algum, sujeitá-lo sem o seu consentimento. Decidir que o filho do escravo nasce escravo, é decidir que não nasce homem.

Se no pacto social se encontram homens que a ele se opõem, sua oposição não invalida o contrato, impede somente que sejam nele compreendidos, sendo estrangeiros, entre cidadãos. Constituído o estado, o consentimento está na residência. Habitar o território é submeter-se à soberania.[35]

Fora do contrato primitivo, a opinião do maior número obriga sempre todos os outros, e isto é uma consequência do próprio contrato. Porém, como um homem pode ser livre e obrigado a conformar-se com vontades que não são as suas? Como os que se opõem são livres e submissos a leis com que não consentiram? A questão está bem traçada, respondo. O cidadão consente todas as leis, mesmo aquelas que foram ditadas à sua revelia e mesmo aquelas que o punem se ousa violar alguma delas. A vontade constante de todos os membros do Estado é a vontade geral; por elas são cidadãos e livres.[36] Quando se propõe uma lei na assembleia do povo, o que se lhe pergunta não é precisamente se aprova a proposta ou se a recusa, senão se está de acordo ou não com a vontade geral, que é a sua. Dando cada um seu voto, proclama a sua opinião, e do cálculo dos votos se conclui a declaração da vontade geral. Mesmo quando triunfar a opinião contrária à minha não quer dizer isto senão que me enganei e que aquilo que julgava ser a vontade geral não era. Se a minha opinião particular tivesse triunfado, teria feito coisa diversa da que eu queria, não teria sido livre. Isto supõe que todos os caracteres da vontade geral estão na maioria: quando cessam de estar com ela, qualquer que seja o caminho que tomar, não há liberdade.

Mostrando como se substituem as vontades particulares à geral nas deliberações públicas, indiquei os meios práticos para corrigir este abuso. Com referência ao número proporcional dos sufrágios para declarar esta liberdade, dei também os princípios sobre os quais se pode determinar. A diferença de um único voto quebra a igualdade. Um só oposicionista rompe a unanimidade, porém entre esta e a igualdade existem muitos termos desiguais, a cada um dos quais pode fixar-se o número, segundo o estado e as necessidades do corpo político.

Duas regras gerais podem servir para regulá-los; uma, que quanto mais importantes e graves forem as deliberações, mais o acordo deve aproximar-se da unanimidade; outra, que quanto maior pressa exigir o negócio, mais deve estreitar-se a diferença prescrita na divisão do acordo. Nas deliberações que é preciso terminar sobre o terreno, o excedente de um voto deve ser o bastante. A primeira destas regras parece mais conveniente às leis, e a segunda, aos negócios. De todo modo, sobre sua combinação estabelecem-se as melhores circunstâncias que se possam ter em conta para decidir acerca da maioria.

Capítulo III
Das eleições

A respeito das eleições do príncipe e dos magistrados, que são, como já disse, atos complexos, existem dois caminhos a seguir, a eleição e o acaso. Uns e outros têm sido empregados em diversas repúblicas, e ainda hoje se vê uma mescla muito complicada das duas na eleição do duque de Veneza.

"O sufrágio por sorteio", disse Montesquieu, "é próprio da democracia." Concordo nisso, mas como? "O sorteio", continua Montesquieu, "é uma forma de eleger que a ninguém incomoda e deixa a cada cidadão uma justa esperança de servir à pátria." Isto não são razões. Se considerarmos que a eleição dos chefes é uma função de governo e não de soberania, compreender-se-á por que o sistema de sorteio está mais na natureza da democracia em que a administração é melhor quanto menos se multiplicam os atos. Em toda democracia verdadeira a magistratura não é um proveito mas sim uma carga onerosa que não se pode impor a um particular de preferência a outro. Somente a lei pode impor esta regra àquele que lhe couber por sorte. Porque, nesse caso, sendo a condição igual para todos, e não dependendo a eleição da vontade humana, não há aplicação particular que altere a universidade da lei. Na aristocracia, o príncipe escolhe o príncipe, o governo conserva-se por si mesmo e os sufrágios estão bem colocados.

O exemplo da eleição do duque de Veneza confirma esta diferença em vez de destruí-la. Esta forma misturada convém a um governo misto, porque é um erro tomar o governo de Veneza como uma verdadeira aristocracia. Se o povo não tem participação no governo, a própria nobreza é povo também.

Uma porção de pobres borra-botas não se aproxima nunca de qualquer magistratura nada tendo de nobreza a não ser o fútil título de excelência e o direito de assistir ao grande conselho. Sendo este tão numeroso como o nosso conselho geral em Genebra, seus ilustres membros não têm outros privilégios que os mesmos dos nossos simples cidadãos. É verdade que tirando a extrema disparidade das duas repúblicas, a classe média de Genebra representa o patriciado veneziano: nossos naturais e habitantes representam o povo de Veneza e nossos compatriotas os súditos da terra firme. Enfim, de qualquer modo que considerarmos esta república, abstração feita da sua grandeza, seu governo não é mais aristocrático do que o nosso. Toda a diferença está em que não tendo chefe nenhum visível, não sentimos a mesma necessidade do sorteio.

As eleições por sorteio teriam poucos inconvenientes numa verdadeira democracia, na qual, sendo todos iguais, tanto em talento e virtudes como em regras e fortuna, a eleição fosse quase indiferente. Porém já disse que não existe verdadeira democracia.

Quando a eleição e o sorteio se acham misturados, a primeira deve cobrir os lugares que exigem aptidões especiais, como os cargos militares, a outra convém àqueles para os quais basta ter bom senso, justiça, integridade, tais como os lugares na judicatura, porque num Estado bem constituído, estas qualidades são comuns a todos os cidadãos.

Nem o caso da sorte nem os sufrágios se realizam no governo monárquico. Sendo o monarca de direito príncipe e único magistrado, a eleição de seus ministros corresponde somente a ele. Quando o abade de Saint-Pierre propunha multiplicar os conselheiros do rei da França e eleger entre eles os membros por escrutínio, não percebia que estava propondo mudar a forma de governo.

Falta explicar o modo de emitir os votos nas assembleias populares, porém, por certo, a história romana explicará melhor as regras que eu poderia estabelecer. Não é indigno de um leitor ajuizado examinar como são tratados os negócios públicos e particulares num conselho de duzentos mil homens.

Capítulo IV
Dos comícios romanos

Não dispomos de notícias certas dos primeiros tempos de Roma, existem, porém, suposições, e a maior parte é fictícia,[37] e, em geral, a parte mais instrutiva dos anais dos povos, que é a história da sua fundação, é a que nos falta.

A experiência nos ensina todos os dias as causas por que nascem as revoltas dos impérios, porém, não como se formam os povos, pois sobre isso não temos mais do que conjeturas para explicar como se formaram.

Os usos que se estabeleceram atestam pelo menos que tiveram a sua origem nesses costumes.

Os costumes e as tradições que remontam aos primeiros tempos, os que afiançados por grandes autoridades, e os que confirmam as mais poderosas razões, devem passar por mais certas. Vede as regras que procurei seguir indagando como o mais livre e poderoso povo da Terra exercia seu poder supremo.

Depois da fundação de Roma, a república nascente, isto é, o exército do fundador, composto de albanos e de estrangeiros, dividiu-se em três classes, que tomaram o nome de *tribos.* Cada uma destas dividiu-se em dez *cúrias* e cada cúria em *decúrias,* à frente das quais colocaram chefes denominados *curiões* e *decuriões.*

Além disso, tirou-se de cada tribo um corpo de cem cavalarianos, denominado *centúria,* por onde se vê que estas divisões, pouco apropriadas para uma cidade, eram militares. Parece que um instinto de grandeza impeliu Roma a procurar, desde logo, uma administração conveniente à capital do mundo.

Desta primeira divisão resultou um inconveniente: a tribo dos albanos[38] e a dos sabinos[39] ficavam estacionárias, enquanto a dos estrangeiros[40] crescia sem cessar não tardando em excedê-las em número. O remédio que Sérvio achou para acabar com este abuso foi modificar a divisão e, à das raças que aboliu, substituir outra, fundamentada nos lugares da cidade ocupados por cada tribo. Em vez de três fez quatro, cada uma das quais ocupava uma das colinas de Roma e levava o seu nome. Assim, remediando a desigualdade do momento, previu a do futuro, e, a fim de que esta divisão não fosse somente de lugares senão de homens, proibiu aos habitantes de um quartel passar para o outro, o que impediu desde o começo qualquer confusão de raças. Aumentou no dobro as três antigas centúrias de cavalaria e acrescentou mais doze, sob as antigas denominações, meio ajuizado pelo qual acabou de diferenciar os corpos dos cavalarianos dos do povo, sem ferir as suscetibilidades deste último.

Às quatro tribos urbanas, Sérvio acrescentou mais quinze chamadas rústicas, por serem compostas de habitantes do campo, divididos em outros tantos cantões. Fez depois outras reformas, e o povo romano ficou dividido finalmente em 35 tribos, quantidade que foi conservada até o fim da república. Esta diferenciação entre as tribos da cidade e as do campo produziu um efeito digno de menção, e Roma lhe deve a conservação dos seus costumes e o progresso de seu império. Julgar-se-á que as tribos urbanas se apropriaram do poder e das honras e que não tardaram em impor-se aos camponeses. Pois foi tudo ao contrário. Conhecida é a afeição dos primeiros romanos à vida do campo. Esta afeição provinha do seu prudente fundador que uniu à liberdade os trabalhos toscos e militares, e relegou para a cidade as artes, os empregos, a intriga, a fortuna e a escravidão.

Assim, tudo o que Roma possuía de ilustre residindo no campo e cultivando as terras, acostumou-se a não procurar lá, senão o sustento da república. Sendo este o estado dos mais dignos patrícios romanos, foi honrado por todos, a vida simples e laboriosa dos camponeses foi preferida à mole e vergonhosa dos burgueses romanos. Não teria sido mais do que um proletário na cidade aquele que, arando a terra, chegou a ser cidadão respeitado. Não sem razão, disse Varrão que os nossos antepassados nas aldeias deitaram a semente desses robustos e valentes homens que os defendiam no tempo da guerra e os alimentavam no tempo de paz. Plínio disse que as tribos dos campos eram veneradas em honra aos homens que as compunham, entrementes que eram atirados às cidades os covardes que as queriam aviltar. Tendo ido o sabino Ápio Cláudio a estabelecer-se em Roma, foi cumulado de honras e inscrito numa tribuna rústica, que tomou depois o nome da sua família. Enfim, os libertos ingressavam todos nas tribos urbanas, jamais nas rurais, e não existe durante toda a república um único caso de que algum desses escravos alforriados tivesse chegado à magistratura, mas sim à cidadania.

Esta regra era excelente, porém, foi levada tão longe, que motivou uma mudança e, certamente, um abuso de polícia. Primeiramente os censores, depois de se terem arrogado durante muito tempo o direito de transferir arbitrariamente os cidadãos de uma tribo para outra, permitiram à maior parte fazer-se inscrever na que mais lhes agradava, licença que, certamente, para nada servia e tirava uma das suas melhores armas à censura. Ademais, fazendo-se inscrever os grandes e os poderosos nas tribos do campo, e ficando com o populacho na cidade os libertos, feitos cidadãos, as tribos precisaram territórios, porém todas elas se acharam de tal forma misturadas, que somente podiam ser distinguidos seus membros pelos registros, de sorte que a ideia da palavra *tribo* passou quase de real a pessoal e se tornou uma quimera.

Sucedeu, além disso, que sendo mais fácil inscrever-se nas tribos da cidade, foram frequentemente os mais fortes nos comícios, e venderam o Estado àqueles que queriam comprar os votos da canalha que as compunham.

Com referência às cúrias, tendo o fundador organizado dez em cada tribo, encerrado então todo o povo romano dentro das muralhas da cidade, ficou composto de trinta cúrias, cada uma das quais possuía seus templos, seus deuses, seus empregados, seus sacerdotes, suas festividades denominadas *Compitalia*, semelhantes às *Paganalia*, que mais tarde possuíram as tribos camponesas.

Na nova divisão de Sérvio, não podendo dividir o número trinta entre as quatro tribos, não as quiseram modificar, e as cúrias, independentes das tribos, fizeram outra divisão dos habitantes de Roma, porém não foi a questão nas cúrias, nem nas tribos camponesas, nem no povo, porque tendo chegado as tribos a um estabelecimento puramente civil, as divisões militares dos romanos se tornaram supérfluas. Assim, embora todo cidadão estivesse inscrito numa tribo, pouco importava que não o estivesse numa cúria.

Sérvio fez ainda uma terceira divisão, que foi pelos seus resultados a mais importante. Distribuiu, a população romana em seis classes, que não distinguiu nem pelo lugar e nem pelos homens, senão pelos bens, de modo que as primeiras classes eram constituídas pelos abastados, as últimas pelos pobres, e as médias pelos que possuíam uma regular fortuna. Estas seis categorias subdividiram-se em outros 193 corpos, chamados centúrias, de tal forma distribuídos, que a primeira classe abrangia por si mais da metade e uma só a última. Desta maneira, a classe menos numerosa em homens, era a maior em centúrias e a última classe inteira era contada por uma única subdivisão, apesar de conter só ela mais da metade da população de Roma.

A fim de ocultar ao povo as consequências desta última reforma, Sérvio fingiu dar-lhe um caráter militar. Colocou na segunda classe duas centúrias de armeiros, e duas de instrumentos de guerra na quarta. Em cada categoria, excetuando a última, afastou os moços dos velhos, isto é, os que estavam obrigados aos serviços militares dos que pela sua idade estavam isentos pelas leis, diferenciação que, mais que a dos bens, obrigou a começar novamente o recenseamento. Finalmente, quis que todos se reunissem no campo de Marte, e que os que estivessem em idade de servir, levassem as suas armas.

A razão pela qual não seguiu na última categoria a mesma divisão de moços e velhos, foi a de não conceder ao populacho de que se achava composta a honra de formar parte do exército para defender a pátria. Era necessário possuir um lar para defendê-la, e das incalculáveis tropas de mendigos que formam a maior parte dos exércitos dos nossos reis, possivelmente não escapasse um único que não fosse dispensado com desprezo de uma corte romana quando os soldados eram os defensores da liberdade.

Portanto, distinguiu-se ainda, na última classe, os *proletários* dos *capite censi*. Os primeiros davam pelo menos cidadãos ao Estado, e mesmo, às vezes, soldados em casos de extrema necessidade. Aqueles que por faltar-lhes tudo não podiam ser nomeados senão por cabeças, eram considerados como nulos, e Mário foi o primeiro que desdenhou alistá-los.

Sem decidir aqui se esta terceira denominação era ou não má, creio poder afirmar que somente os costumes simples dos primeiros romanos, seu desinteresse, sua afeição pela agricultura, seu menosprezo ao comércio e ao lucro, puderam torná-la praticável. Que povo moderno, com sua avidez devoradora, seu espírito irrequieto, suas intrigas, suas perpétuas revoltas das fortunas, poderá conservar durante vinte anos tal ordem de coisas sem transformar o Estado? É preciso notar que os costumes e a censura, mais fortes que esta instituição, corrigiram o vício em Roma, e que houve rico que se viu obrigado a viver entre os pobres por ter dissipado a sua riqueza.

Depois disto, compreende-se por que somente são mencionadas cinco classes apesar de existirem realmente seis. Não fornecendo a sexta soldados ao exército nem votantes ao campo de Marte,[41] raras vezes se contava com ela.

Tais foram as categorias do povo romano. Vejamos o efeito que produziram nas assembleias. Estas, legitimamente convocadas, chamavam-se comícios, que se realizavam comumente na praça de Roma ou no campo de Marte, e distinguiram-se em comícios por cúrias, por centúrias e por tribos, segundo a qual das três formas pertenciam. Os comícios por cúrias foram instituídos por Rômulo, os por centúrias, por Sérvio, os por tribos, pelos tribunos da plebe. Nenhuma lei era sancionada, nenhum magistrado era eleito fora dos comícios, e como não havia cidadão algum que não estivesse inscrito numa cúria, numa centúria ou numa tribo, nenhum cidadão ficava excluído do direito do sufrágio, e o povo romano era verdadeiramente soberano de direito e de fato.

Para que os comícios se reunissem legitimamente, e para que o que neles se fazia tivesse força de lei, eram necessárias três condições: a primeira, que o corpo ou magistrado que os havia convocado estivesse revestido da necessária autoridade; a segunda, que a assembleia se reunisse num dos dias permitidos pela lei; a terceira, que os agouros fossem favoráveis.

Os motivos da primeira condição não necessitam ser explicados. O segundo era questão de polícia, assim, não era permitido celebrar comícios nos dias de feira ou mercado em que os camponeses vinham a Roma a seus negócios e não tinham tempo para passar o dia na praça pública. Pelo terceiro, o Senado reprimia a um povo feroz e revoltoso e temperava o ardor das tribos sediciosas, porém logo estas encontraram meio de livrar-se desta sujeição.

As leis da eleição dos chefes não eram as únicas questões submetidas ao veredicto dos comícios. Tendo usurpado o povo as funções do governo, pode-se dizer que a sorte da Europa decidia-se nas suas assembleias. Esta variedade de objeto determinava as diversas formas que tomavam estas reuniões, segundo as matérias sobre as quais iam decidir.

Para poder julgar estas diversas formas basta compará-las. Rômulo, instituindo as cúrias, se propôs conter o povo pelo Senado, e a este pelo povo; dominando igualmente sobre todos. Deu, pois, ao povo, toda a autoridade do número para contrabalançar a do poder e a das riquezas dos patrícios. Porém, segundo os espíritos da monarquia deixou, entretanto, maiores vantagens aos patrícios pela influência de seus clientes na maioria dos sufrágios. Esta admirável instituição dos patronos e clientes foi um modelo de polícia e de humanitarismo, sem o que o patriciado, tão contrário ao espírito da república, não teria podido subsistir.

Somente Roma teve a honra de dar ao mundo este formoso exemplo do qual nunca resultou abuso e que, por isso mesmo, não foi seguido.

Esta mesma forma de cúria subsistente sob os reis até Sérvio, não incluindo Tarquínio como legítimo, fez distinguir as leis com a denominação de *leges curiatæ*.

Sob a república, as cúrias, sempre limitadas às quatro tribos urbanas que não comportavam mais do que o populacho de Roma, não podiam convir nem ao Senado, que era a cabeça dos patrícios, nem aos tribunos que, embora plebeus, não formavam parte dos cidadãos remediados. Caíram, pois, em descrédito, e seu aviltamento foi tal que seus trinta lictores reunidos faziam o que os comícios curiados deviam ter feito.

A divisão por centúrias era tão favorável à aristocracia, que não se compreende como o Senado não se impunha sempre nos comícios que se designavam com este nome e nos quais eram eleitos os cônsules, os censores e os demais magistrados curiais. De 193 centúrias que formavam as seis classes de toda a população romana, contando a primeira classe 98, e os votos por centúrias, somente esta primeira categoria superava em número de votos a todas as outras.

Quando todas estas centúrias estavam de acordo, não eram recebidos mais votos, o que fora decidido pelo menor número passava como aprovado pela maioria e pode dizer-se que nos comícios por centúrias, os negócios resolviam-se pela maioria dos escudos e não pela dos votos.

Porém esta extrema autoridade era contrabalançada por dois meios. Em primeiro lugar, geralmente os tribunos, e sempre grande número de plebeus, sendo da classe rica, contrabalançavam o crédito dos patrícios nesta primeira categoria. O segundo consistia em que em vez de deixar votar as centúrias pela ordem, tiravam a sorte e a que saía[42] era a que fazia a eleição, e a seguir todas as centúrias, segundo a hierarquia, repetiam a mesma eleição e a confirmavam comumente. Tirava-se assim a autoridade da hierarquia, dando-a ao acaso, segundo o princípio democrático.

Resultava deste costume outra vantagem ainda: a de que os cidadãos camponeses tinham tempo, entre ambas as eleições, de informar-se dos méritos do candidato provisoriamente indicado, a fim de não darem seus votos sem conhecimento de causa. Porém, sob o pretexto de abreviar, acabou por ser abolido este uso, e as duas eleições realizavam-se no mesmo dia.

Os comícios por tribos eram propriamente o conselho do povo romano. Não eram convocados senão pelos tribunos. Lá eram estes eleitos e autorizavam seus plebiscitos. Não somente o Senado não possuía neles qualquer hierarquia senão que nem mesmo tinha o direito de assistência, e obrigados a obedecer as leis que nem mesmo lhes foi permitido votar, e, neste caso, os senadores eram menos livres que os últimos cidadãos. Esta injustiça não era bem interpretada, e bastava para anular os decretos de um corpo em que todos os seus membros não estavam representados. Mesmo que todos os patrícios tivessem assistido, pelo direito de cidadãos, transformados então em simples particulares, não teriam influência perniciosa em uma forma de votação que se contava por cabeças e na qual o mais humilde proletário tinha tanto poder como o príncipe do Senado.

Vemos, pois, que além da ordem resultante destas diversas distribuições para recolher os votos de um tão grande povo, as distribuições não se limitavam a formas indiferentes por si mesmas, senão que cada uma produzia seus efeitos em relação aos pontos de vista que a tornavam preferível.

Em resumo, os comícios por tribos eram os mais favoráveis ao governo popular, e o comícios por centúrias, à aristocracia. Com referência aos comícios curiados nos quais a plebe de Roma formava a maioria, como somente serviam para favorecer à tirania e aos maus propósitos, desacreditaram-se, abstendo-se os próprios sediciosos de empregar um meio que descobrisse os seus projetos. Verdadeiramente toda a majestade do povo romano achava-se somente nos comícios por centúrias, que eram os únicos completos, atendendo a que nos curiados faltavam as tribos rústicas e nos comícios por tribos, os patrícios e senadores.

A respeito do modo de recolher os votos era entre os romanos tão simples como seus costumes, embora menos que entre os espartanos: cada um dava seu voto em voz alta, enquanto um cartulário os ia anotando, a maioria de votos em cada tribo determinava a votação do povo e da mesma forma as cúrias e as centúrias. Este costume era bom enquanto a honorabilidade reinava entre os cidadãos e quando cada um se envergonhava de dar seu voto a uma determinação injusta ou a um indivíduo indigno, porém, quando o povo se corrompeu e vendeu seus votos, modificou-se em votação secreta para conter os compradores pela desconfiança e dar aos velhacos o meio de não serem traidores.

Sei que Cícero lamenta esta transformação e lhe atribui em parte a ruína da república, mas embora reconheça o peso que deve ter a autoridade de Cícero, não posso concordar com seu modo de pensar. Creio, pelo contrário, que por não terem feito mudanças semelhantes é que se acelerou a perda do Estado. Assim como o regime das pessoas sãs não é apropriado aos doentes, não é possível governar um povo corrompido com as mesma leis que servem para um povo honesto. Nada demonstra melhor o que estou dizendo que a duração da República de Veneza, cujo simulacro existe ainda, unicamente porque as suas leis somente convêm a homens malvados.

Distribuíam-se aos homens tabuletas, com as quais todos podiam votar sem que se soubesse a sua opinião. Foram estabelecidas também novas formalidades para o escrutínio, comparação de nomes etc., o que não impediu que a fidelidade dos empregados encarregados destas funções[43] fosse às vezes suspeita. Intentou-se, finalmente, impedir a intriga e o comércio de votos por meio de éditos, cuja inutilidade ficou demonstrada pela multidão.

Nos últimos tempos, houve necessidade de recorrer a expedientes extraordinários para suprir a insuficiência das leis. Às vezes se fingiam prodígios, porém este meio, que podia iludir o povo, não iludia os que o governavam. Outras vezes, convocava-se bruscamente uma assembleia, antes que os candidatos tivessem tempo de apronrar-se. Noutras, empregava-se todo o tempo em discutir quando percebiam que o povo tomava determinações que os contrariavam, porém, finalmente, a ambição iludiu tudo, e o que parece incrível é que no meio de tantos abusos, esse povo imenso, a favor de suas antigas regras, não elegesse seus magistrados, ditasse suas leis, julgasse suas causas, resolvesse os negócios particulares e públicos com a mesma facilidade como teria podido fazê-lo o próprio Senado.

Capítulo V
Do tribunado

Quando não se pode fixar a proporção exata entre as partes constitutivas do Estado, ou causas indestrutíveis, alteram sem cessar suas relações, cria-se uma magistratura particular que não forma corpo com as outras, que restabelece cada termo no seu verdadeiro lugar, formando um laço ou meio-termo, quer seja entre o príncipe e o povo, quer entre o príncipe e o soberano ou entre ambos.

Este corpo, que eu chamaria tribunado, é o conservador das leis e do poder legislativo. Serve para proteger algumas vezes o soberano contra o governo, como faziam em Roma os tribunos da plebe. Outras para sustentar o governo contra o povo, como em Veneza o Conselho dos Dez, e outras para manter o equilíbrio entre ambos, como fizeram os éforos em Esparta.

O tribunado não é uma parte constitutiva da cidade e não deve participar do poder legislativo nem do executivo, mas por isso mesmo é o seu poder muito maior, porque, não podendo fazer nada, pode tudo impedir. É mais sagrado e reverenciado como defensor das leis do que o príncipe que as executa e do que o soberano que as dita. Isto foi o que se viu claramente em Roma, quando os bravos patrícios que sempre desprezaram o povo, viram-se obrigados a curvar-se ante um simples oficial do povo sem auspícios nem jurisdição.

O tribunado, temperado prudentemente, é o apoio mais firme de uma boa constituição; mas por pouca força que consiga, basta-lhe para transformar tudo. Quanto à fraqueza, esta não é de sua natureza, e desde que seja alguma coisa, não é menos do que realmente possa ser. Degenera em tirania quando usurpa o poder executivo do qual é somente moderador e quer dispor das leis que somente deve proteger. O enorme poder dos éforos que existiu sem perigo enquanto Esparta conservou seus costumes apressou a corrupção iniciada. O sangue de Agis, enforcado pelos tiranos, foi vingado pelo seu sucessor. O crime e o castigo dos éforos precipitaram igualmente a perda da república e, depois de Cleómenes, Esparta não foi mais nada. Roma pereceu pelo mesmo caminho e o poder excessivo dos tribunos, usurpado gradativamente, serviu, finalmente, como auxílio de leis liberais, de salvaguarda aos imperadores que a destruíram. O Conselho dos Dez, em Veneza, é um tribunal sangrento, tão horrível para os patrícios como para o povo, e, que, longe de proteger as leis, não serve, depois de seu envelhecimento, mais que para sepultar nas trevas os golpes que não ousa prevenir.

O tribunado debilita-se, como o governo, pela multiplicação dos seus membros. Quando os tribunos do povo romano, no começo em número de dois, depois de cinco, quiseram duplicar-se, certos de conterem-se uns pelos outros, não tardou isto a acontecer.

O melhor meio de prever as usurpações deste corpo poderoso, meio que até hoje não tiveram em conta os governos, é o de não fazer este corpo permanente, senão determinar os intervalos em que deve ser suprimido. Estes intervalos, que não devem ser demorados demais para não deixar aos abusos tempo de enraizar, podem fixar-se por lei, de modo que seja fácil substituí-los, sendo necessário, por comissões especiais.

Julgo que este meio não apresenta inconvenientes, porque, como já disse, não formando parte o tribunado da constituição, pode suprimir-se sem que ela sofra, e parece-me eficaz, porque um magistrado novamente designado não tem o poder do seu antecessor, senão aquele que a lei lhe deu.

Capítulo VI
Da ditadura

A inflexibilidade das leis que impede que estas se adaptem às circunstâncias, pode, em certos casos, torná-las perniciosas e causar por meio delas a perda do Estado em sua crise. A ordem e a lentidão do formalismo exigem um espaço de tempo que as circunstâncias às vezes não consentem. Podem apresentar-se mil casos que o legislador não previu e é uma previdência bem necessária conhecer que nem tudo se pode prever. Não se deve, pois, intentar firmar as instituições políticas sem destruir o poder de suspender seus efeitos. A própria Esparta deixou dormitar as suas leis.

Porém, somente os grandes perigos podem contrabalançar a alteração da ordem pública, e não se deve deter o poder sagrado das leis a não ser quando se trata da salvação da pátria. Nestes casos, raros e manifestos, atende-se sobretudo à segurança pública por um ato particular que entrega este cargo ao mais digno. Esta incumbência pode ser feita de duas maneiras, conforme a espécie do perigo.

Se, para remediá-lo basta aumentar a atividade do governo, concentra-se este em um ou dois de seus membros. Desta forma, não é a autoridade das leis que se modifica, mas somente a maneira de aplicá-la. Se o perigo for tão grande que as próprias leis são obstáculos para defender-se dele, então se nomeia um chefe supremo que faça salientar as leis, e suspende por um momento a autoridade soberana. Neste caso, a vontade geral não é duvidosa, e evidentemente a primeira intenção do povo é que o Estado não pereça. Deste modo, a paralisação da autoridade legislativa não a contraria. O magistrado que a faz silenciar não a faz falar. Domina-a, sem poder apresentá-la, pode tudo fazer, menos leis.

O primeiro meio, empregou-o o Senado romano quando trocava os cônsules por uma fórmula consagrada de prover à saúde da república. O segundo, quando um dos cônsules nomeava um ditador,[44] costume que Alba deu como exemplo a Roma.

Ao alvorecer da república apelou-se frequentemente para a ditadura, porque o Estado não possuía ainda uma base bastante sólida para sustentar-se pela própria força da sua constituição. Tornando supérfluos os costumes, muitas precauções que teriam sido necessárias em outros tempos, não temiam que um ditador abusasse da sua autoridade e muito menos que intentasse retê-la por mais tempo do que o necessário. Pelo contrário, parecia ser este grande poder uma carga para aquele a quem era confiada, a julgar pela pressa que tinha em largar o posto como se fosse uma carga muito penosa.

Assim, não é o perigo do abuso, senão o do aviltamento, o que me faz menosprezar o uso indiscreto desta suprema magistratura nos primeiros tempos. Porque, ao prodigalizá-la nas eleições, nas dedicatórias, nos casos de puro formalismo, era de esperar que se fizesse menos temível em caso necessário e que se acostumassem a olhá-la simplesmente como um título vão.

Nos fins da república, os romanos fugiram da ditadura com tão pouca habilidade como anteriormente a prodigalizaram. Fácil era ver que seu temor não tinha fundamento, que a fraqueza da capital os garantia dos magistrados que tinha em seu seio, que um ditador podia, em certos casos, defender a liberdade pública sem nunca poder atentar contra ela, e que os ferros de Roma não podiam ser forjados na própria Roma senão em seus exércitos. A pouca resistência oposta por Mário a Sila e por Pompeu a César, demonstra o pouco que se podia esperar da autoridade interna contra a força externa. Este erro os levou a cometer grandes faltas.

Uma delas, foi a de não nomear um ditador na questão de Catilina porque, sendo um assunto interno da cidade e, quando muito, de alguma província da Itália, com a autoridade ilimitada que as leis dão ao ditador, teriam facilmente abafado a conspiração, que somente foi sufocada por causas fortuitas, às quais a prudência humana nunca deve confiar.

Em vez disto, o Senado limitou-se a dar todo o seu poder aos cônsules, o que fez que Cícero, para agir eficazmente, se visse obrigado a transgredir este poder num ponto capital e que se os primeiros transportes de alegria aprovassem sua conduta, depois lhe exigissem conta do sangue dos cidadãos derramado contra as leis, acusação que não teriam podido formular a um ditador. Porém, a eloquência do cônsul venceu tudo, e ele mesmo, embora romano, estimando mais sua glória que a pátria, não procurou tanto o meio mais legítimo e mais seguro de salvar o Estado como o de fazer sua toda a glória dessa proeza.[45] Desta forma foi que o honraram justamente como libertador de Roma e o puniram como infrator das leis. Por brilhante que tenha sido seu papel, isto é um fato inegável.

Entretanto, de qualquer modo que esta importante questão for encarada, importa fixar sua durabilidade a um termo muito curto sem que jamais possa ser prolongado. Nas crises que requerem seu estabelecimento, o Estado logo se destrói ou se salva, porém, terminada sua urgente necessidade, a ditadura converte-se em vã ou tirânica. Em Roma, os ditadores somente podiam sê-lo durante seis meses, mas a maior parte abdicou antes de terminar esse prazo. Se este tivesse sido maior talvez tivessem tido o desejo de prolongá-lo ainda mais, como fizeram os decênviros com o de um ano. O ditador devia sê-lo somente o tempo necessário para resolver o assunto para o qual foi eleito. Não devia, pois, pensar em outros projetos.

Capítulo VII
Da censura

Assim como a declaração da vontade geral se faz por lei, a do juízo público se faz pela censura. A opinião pública é uma espécie de lei cujo ministro é o censor e que deve somente aplicar-se aos casos particulares, a exemplo do príncipe.

Longe, pois, de ser o tribunal censor árbitro da opinião do povo, é somente seu declarante, e se sair deste objeto, suas decisões são vãs e inconsistentes.

É inútil distinguir os costumes de uma nação dos objetos de sua estima, porque tudo propende ao mesmo princípio, confundindo-se necessariamente. Em todos os povos não é a natureza mas a opinião a que decide a eleição dos seus desejos. Corrigi as opiniões dos homens, e seus costumes depurar-se-ão por si mesmos. Prefere-se sempre o belo, ou o que julgamos como tal, mas desse juízo nasce o engano. Quem julga os costumes julga a honra, e tira sua lei da opinião.

As opiniões de um povo nascem da sua constituição. Embora a lei não regule os costumes, a legislação os faz surgir. Quando a legislação se debilita, os costumes degeneram, porém o juízo dos censores não fará o que não tenha sido feito pela força das leis.

Segue-se disto que a censura pode ser útil para conservar os costumes, jamais para restabelecê-los. Institui censores quando as leis estejam vigorando; tão depressa como deixarem de vigorar, desesperai; nada legítimo tem força quando as leis não a têm.

A censura conserva os costumes impedindo que se corrompam as opiniões, fixando-os quando são incertos. O uso dos *padrinhos* nos duelos, imoderadamente utilizados na França, foi nela abolido por estas simples palavras do édito dum rei: *Quanto aos que têm a covardia* de *socorrer-se de terceiros.* Este juízo, prevendo o do público, terminou-o de um golpe. Mas quando os próprios éditos anunciaram que era também covardia bater-se em duelo, o que entretanto, é verdade, porém contrário à opinião pública, o povo zombou desta decisão sobre a qual já dera o seu parecer.

Já disse noutro lugar[46] que a opinião pública, não estando submetida à coação, não necessita indício algum no tribunal estabelecido para representá-la. Não me cansarei nunca de admirar com que arte este resorte, completamente em desuso entre os modernos, era empregado pelos romanos, e melhor ainda pelos lacedemônios.

Tendo um homem de maus costumes emitido sua prudente opinião no conselho de Esparta, os éforos, sem tomá-lo em consideração, fizeram que a mesma fosse proposta por um cidadão honesto. Que honra para um, que censura para o outro, sem terem recebido nem elogio, nem vitupério! Uns ébrios de Samos[47] sujaram o tribunal dos éforos; no dia seguinte, por édito público, foi permitido aos samienses serem vilãos. Um verdadeiro castigo teria sido menos severo que uma impunidade tal. Quando Esparta decidiu o que era ou não honesto, a Grécia não apelou dessas decisões.

Capítulo VIII
Da religião civil

Os homens não tiveram no começo outros reis que os deuses, nem outro governo que o teocrático. Raciocinaram à moda de Calígula e então agiram com justeza. É necessária uma lenta transformação dos sentimentos e das ideias para concordar em aceitar por amo um semelhante.

Somente o fato de colocar a Deus à testa das sociedades, demonstra que há nelas tanto de deuses como de povos. Dois povos estranhos e quase sempre inimigos, não podem em muito tempo reconhecer ao mesmo senhor. Dois exércitos em luta não podem obedecer ao mesmo chefe. Assim, das divergências nacionais resulta o politeísmo, e daí a intolerância teológica e civil, que naturalmente é a mesma coisa, como diremos logo adiante.

A ideia dos gregos de reaverem seus deuses entre os povos bárbaros procedeu de terem a ideia de os considerar como soberanos naturais de seus povos, porém não existe hoje em dia uma erudição tão ridícula como a que trata a respeito da identidade dos deuses das diversas nações; como se Moloque, Saturno e Cromos pudessem ser um mesmo Deus; como se o Baal dos fenícios, o Zeus dos gregos, e o Júpiter dos latinos pudessem ser a mesma coisa; como se fosse possível haver algo de comum entre seres quiméricos usando nomes diferentes.

Se se perguntar como é que entre os pagãos onde cada Estado tinha sua religião e seus deuses não existiam guerras religiosas, respondo que, pela mesma razão por que possuindo cada Estado seu culto próprio da mesma forma que seu governo, não distinguia seus deuses de suas leis. A guerra política era também teológica, os departamentos dos deuses estavam, por assim dizer, fixados pelos limites das nações. O deus de um povo não tinha direitos sobre os outros povos. Os deuses dos pagãos não eram ciumentos e dividiam entre eles o império do mundo. O próprio Moisés e o povo hebreu concordavam às vezes com essa ideia quando falavam do Deus de Israel. Consideravam, é certo, como nulos os deuses dos cananeus, povos proscritos, destinados à destruição e dos quais eles deviam ocupar o lugar. Porém, vede como falavam das divindades dos povos vizinhos que lhes estava vedado atacar: "A posse do que pertence a Chamos, vosso deus, dizia Jefté aos animitas, não vos foi dada legitimamente? Nós possuímos igualmente as terras que o nosso deus vencedor adquiriu."[48] Isto me parece uma reconhecida paridade entre os direitos de Chamos e os de Israel.

Porém, quando os judeus, submetidos aos reis da Babilônia, e mais tarde aos da Síria, se obstinaram em reconhecer outro deus diferente do seu, considerado isto como uma revolta contra o vencedor, atraíram sobre eles as perseguições que se leem na História, e das quais não há exemplo antes do Cristianismo.[49] Estando cada religião unicamente sujeita às leis prescritas pelo Estado, não existe outro modo de converter um povo que o de escravizá-lo, nem outros missionários, que os conquistadores? E, sendo lei dos vencidos a obrigação de mudar o culto, seria útil começar vencendo antes de falar. Em vez de combater os homens pelos deuses, eram estes, como em Homero, os que combatiam pelos homens. Cada um pedia ao seu a vitória e pagava-a com novos altares. Os romanos, antes de assaltar uma praça, pediam aos deuses que fossem por estes abandonada, e quando deixavam irritados os deuses dos terentinos, foi porque os consideravam submetidos aos seus. Aos vencidos, deixavam seus deuses, bem como suas leis. Uma coroa a Júpiter Capitolino era, frequentemente, o único tributo que impunham.

Havendo os romanos estendido com seu império, seu culto e seus deuses, e adotando às vezes os dos vencidos, concedendo aos outros o direito de cidadania, os povos deste vasto império encontraram-se insensivelmente com uma porção de deuses e cultos, quase os mesmos por todas as partes, e deste modo o paganismo não foi, no fim, mais do que uma única religião.

Nestas circunstâncias foi que veio Jesus à Terra para estabelecer um reino espiritual, o que, afastando o sistema teológico do sistema político, fez que o Estado deixasse de ser um e motivou as divisões intestinas que não cessaram de agitar os povos cristãos. Ademais, não podendo esta nova ideia de um reino no outro mundo ser compreendida pelos pagãos, olharam sempre os cristãos como verdadeiros rebeldes que, sob uma hipócrita submissão, somente aguardavam o momento de tornarem-se independentes e senhores, e de usurpar destramente a autoridade que fingiam respeitar na sua fraqueza. Essa foi a causa das perseguições.

O que temiam os pagãos sucedeu. Mudaram os humildes cristãos e logo viu-se a esse pretenso reino do outro mundo converter-se com um chefe visível, no mais violento despotismo entre eles.

Entretanto, como sempre num estado soberano existem príncipe e leis civis, resultou desse duplo poder um perpétuo conflito de jurisdição, que fez impossível toda boa política nos Estados cristãos, sem poder chegar a saber-se a que senhor ou sacerdote se estava obrigado a obedecer.

Diversos povos, na própria Europa, têm querido restabelecer o antigo sistema, porém sem êxito, pois o espírito do Cristianismo invadiu tudo.

O culto sagrado ficou sempre independente do soberano e desligado do corpo do Estado. Maomé acertou, ligando a ele o sistema político; e enquanto a forma de seu governo subsistiu sob os califas seus sucessores, seu governo teve neste ponto bondade e unidade. Porém os árabes, chegados a um estado florescente, ilustrados, civilizados e covardes, foram subjugados pelos bárbaros. Então a divisão entre os dois domínios se restabeleceu, embora menos aparente que entre os cristãos, sobretudo na seita de Ali, e há Estados, como a Pérsia, onde se percebe mais.

Entre nós, os reis da Inglaterra constituíram-se em chefes da Igreja. Outro tanto fizeram os czares, porém, com este título fizeram-se menos senhores do que ministros. Adquiriram menos o direito de mudá-la que o de poder mantê-la. Nela não são legisladores senão príncipes. Onde quer que o clero forme um corpo, é senhor e legislador na sua pátria.[50] Existem, pois, dois domínios, duas soberanias na Inglaterra e na Rússia, igual como dantes.

De todos os autores cristãos, o filósofo Hobbes foi o único que viu o mal e o remédio e que teve a ousadia de propor a reunião das duas cabeças da águia e formar a unidade, sem a qual nenhum Estado nem governo estará bem constituído, porém, devia considerar que o espírito avassalador do Cristianismo era incompatível com seu sistema, e que o interesse do sacerdócio seria sempre mais poderoso que o do Estado. O que o faz odioso não é tanto o que existe de horrível e falso na sua política como o que há nela de justo e verdadeiro.[51]

Creio que, desenvolvendo sob este ponto de vista os fatos históricos, seria fácil refutar as opiniões opostas de Baile e de Warburton, dos quais o primeiro pretende que nenhuma religião é útil ao corpo político, e o segundo acredita que, pelo contrário, o Cristianismo é o seu mais forte apoio. Poderia demonstrar-se ao primeiro que não foi fundado jamais um Estado sem que a religião lhe servisse de base, e ao segundo que a lei cristã é no fundo mais nociva do que útil à forte constituição do Estado. Para terminar minha explicação, não necessito senão precisar mais um pouco as ideias vagas da religião relativas ao meu assunto.

A religião, considerada em relação à sociedade, que é ou geral, ou particular, pode também dividir-se em duas classes: a religião do homem e a dos cidadãos. A precisar mais um pouco as ideias da religião relativa ao culto eterno da Moral, é a pura e simples religião do Evangelho, o verdadeiro teísmo é o que pode ser chamado direito divino natural. A outra, inscrita num único país, dá-lhe seus deuses, os patronos próprios e tutelares, tem seus dogmas, seus ritos, seu culto externo prescrito pelas leis. Fora da nação que a segue, tudo é para ela infiel, estranho, bárbaro. Não reconhece os deveres e direitos dos homens além dos seus altares. Tais foram todas as religiões dos primitivos povos, às quais pode dar-se o nome de direito divino civil ou positivo.

Há uma terceira religião mais bizarra que dando aos homens duas legislações, dois chefes, duas pátrias, os submete a deveres contraditórios e impede-lhes poder ser ao mesmo tempo devotos cidadãos. Tal é a religião dos Lamas, tal é a dos japoneses, tal é o Cristianismo romano. Pode chamar-se a esta religião do sacerdote. Nasce dela uma espécie de direito misto e insociável que não tem nome.

Se considerarmos politicamente estas três religiões, têm todas elas os seus defeitos. A terceira é tão evidentemente ruim, que seria perder o tempo ocupar-me em demonstrá-la. Tudo o que rompe a unidade social, nada vale. Todas as instituições que põem o homem em contradição consigo mesmo, nada valem.

A segunda é boa enquanto reúne o culto divino e o amor às leis, e, fazendo da pátria um objeto de adoração dos cidadãos, ensina-lhes a servir ao Estado, servindo de deus tutelar. Esta é uma espécie de teocracia, na qual não deve existir outro pontífice que o príncipe nem outros sacerdotes que os magistrados. Então, morrer pela pátria é ser um mártir, violar as leis é ser impuro, e submeter-se, quando culpado, à execração pública é entregar-se às iras dos deuses, *sacer esto.*

Porém, é má quando fundamentada no erro ou na mentira. Ludibriando os homens, torna-os crédulos, supersticiosos, e afoga o verdadeiro culto da divindade em vãs cerimônias. É má, mesmo quando, tornando-se exclusiva e tirânica, faz o povo sanguinário e intolerante, de modo que somente respira morte e extermínio, e acredita realizar uma santa ação matando aquele que nega seus deuses. Esta coloca um povo num estado natural de guerra contra todos os outros, muito prejudicial à sua própria segurança.

Fica, pois, a religião do homem ou seja, o Cristianismo, não o de hoje, senão o do Evangelho, que é completamente diferente. Por esta religião santa, sublime, verdadeira, os homens, filhos do mesmo Deus, reconhecem-se todos como irmãos, e o laço que os une não se desfaz nem mesmo com a morte.

Porém, esta religião, não tendo relação particular alguma com o corpo político, deixa às leis a única força que tiram de si próprias sem acrescentar outra e, por isso, um dos laços da sociedade particular fica sem efeito. Ademais, em vez de inclinar os corações dos cidadãos ao Estado, considera-o como às outras coisas da Terra. Não conheço nada tão contrário ao espírito social.

Diz-se que um povo de verdadeiros cristãos reformaria a mais perfeita sociedade que pudesse ser imaginada. Não encontro nesta suposição mais que uma única e grande dificuldade: é que uma sociedade de verdadeiros cristãos não seria uma sociedade de homens.

Acrescento mais que esta suposta sociedade não seria, com toda a sua perfeição, nem a mais forte, nem a mais duradoura. À força de ser perfeita, careceria de conexão e seu vício destruidor seria sua própria perfeição.

Cada um cumpriria seus deveres, os povos estariam submetidos às leis, os chefes seriam justos e moderados, os magistrados íntegros e incorruptíveis, os soldados desprezariam a morte. Não haveria vaidade nem luxo; tudo isto está bem. Mas, vamos adiante.

O Cristianismo é uma religião completamente espiritual, preocupada exclusivamente das coisas do céu: a pátria do Cristianismo não é deste mundo. Cumpre com seu dever, é certo, porém o faz com uma profunda indiferença do bom ou mau êxito das suas diligências. Nada tendo a se censurar, pouco lhe importa que tudo aqui embaixo vá bem ou mal. Se o Estado é florescente, apenas ousa gozar da felicidade pública, teme em orgulhar-se com a glória do seu país. Se o Estado sucumbe, abençoa a mão de Deus que pesa sobre o seu povo.

Para que a sociedade fosse pacífica e a harmonia se mantivesse, seria preciso que todos os cidadãos, sem exceção, fossem igualmente bons cristãos, mas se por infelicidade houver entre eles um só ambicioso, um só hipócrita, um Catilina, por exemplo, um Cromwell, este certamente tirará bom partido de seus piedosos compatriotas. A caridade cristã não consente facilmente pensar mal do próximo. Desde o momento que encontra, por alguma astúcia, a maneira de impor-se e apropriar-se de uma parte da autoridade pública, vê-se um homem constituído em dignidade, e Deus quer que seja respeitado. Galga a seguir o poder, Deus quer que seja obedecido. O depositário deste poder abusa dele. É a vara com que Deus castiga os seus filhos. Se se pretendesse depor o usurpador, seria necessário usar da violência e derramar sangue. Tudo isto não combina com a doçura do cristão e, todavia, que importa ser ou não livre neste vale de miséria? O essencial é alcançar o paraíso, e a resignação é um bom meio para consegui-lo.

Sobrevém uma guerra estrangeira; os cidadãos vão conformados à luta, ninguém pensa em fugir, cumprem seu dever, porém sem paixão pela vitória; sabem melhor morrer que vencer. Ser vencedores ou vencidos, que importa? Não sabe a Providência melhor do que eles o que esta faz? Imaginai as vantagens que pode obter um inimigo feroz, impetuoso, apaixonado do seu estoicismo. Colocai face a face esses povos generosos aos quais devorava o ardente amor da glória e da pátria; afigurai-vos vossa república cristã face a face da de Esparta ou de Roma: os piedosos cristãos serão batidos, esmagados, destruídos antes de terem tempo para reconhecerem-se. Deverão sua salvação somente ao menosprezo que o inimigo terá por eles. Foi uma formosa promessa, ao meu modo de ver, a dos soldados de Fábio: não juraram vencer ou morrer, juraram voltar vencedores e cumpriram sua promessa. Jamais os cristãos teriam pronunciado juramento igual, acreditariam que estavam tentando a Deus.

Porém, sofro um engano referindo-me a uma república cristã, porque cada uma destas palavras exclui a outra. O Cristianismo não prega senão a servidão e a dependência. Seu espírito é muito favorável à tirania para que dela não se tire proveito. Os verdadeiros cristãos são feitos para serem escravos, sabem-no e não se incomodam. Esta curta vida tem pouco valor ante seus olhos.

As tropas cristãs são excelentes, costumam dizer-nos. Nego-o. Mostrai-mas. Por minha vez não conheço tropas cristãs. Citar-me-ão as cruzadas. Sem disputar o seu valor, farei notar que longe de serem cristãs, eram soldados do sacerdote, eram cidadãos da Igreja. Lutavam pelo seu país espiritual, convertido em temporal sem saber como. Pensando bem, isto entra no paganismo, como o Evangelho não estabelece uma religião nacional, toda guerra sagrada é impossível entre os cristãos.

Sob os imperadores pagãos, os soldados cristãos eram valentes. Todos os autores cristãos assim o dizem e eu o creio: era uma emulação de honra contra as tropas pagãs. Desde que os imperadores foram cristãos, esta emulação deixou de existir, e quando a cruz substituiu à águia, toda a coragem romana desapareceu.

Porém, deixando de lado as considerações políticas, voltemos ao direito e fixemos os seus princípios neste importante ponto. O direito que o pacto social dá ao soberano sobre os súditos não passa, como já disse, os limites da unidade política.[52] Os súditos não devem prestar contas ao soberano das suas opiniões, conquanto estas não se imponham à comunidade. Importa muito ao Estado que cada cidadão tenha uma religião que o impulsione a amar os seus deveres, porém os dogmas desta religião não interessam nem ao Estado nem aos seus membros, senão quando seus dogmas se referem à moral e aos deveres que aquele que a professa está obrigado a cumprir para com o próximo. Cada um pode professar a opinião que lhe apraz, sem que o soberano deva conhecê-la, porque, como não tem contendas no outro mundo, seja qual for a sorte dos súditos na vida futura, não é da sua alçada, sempre que estes sejam bons cidadãos nesta vida.

Há, pois, uma profissão de fé puramente civil da qual corresponde ao soberano fixar os artigos, não precisamente como dogmas de religião, senão como sentimentos de sociabilidade, sem os quais é impossível ser bom cidadão, nem súdito fiel.[53]

Sem poder obrigar a quem quer que seja a crer neles, pode expulsar do Estado aquele que não acreditar neles, não como sacrílego, senão como insociável e incapaz de amar sinceramente as leis, a justiça, e de imolar, sendo necessário, sua vida pelo dever. Se alguém, depois de reconhecer publicamente os mesmos dogmas, se conduzir como descrente, castigam-no com a morte. Cometera o maior dos crimes: mentir perante as leis.

Os dogmas da religião civil devem ser simples, pouco numerosos, enunciados com precisão, sem explicações nem comentários. A existência da divindade poderosa, inteligente, benfeitora, providente e misericordiosa; a vida futura, o bem-estar dos justos, o castigo dos malvados, a santidade do contrato social e das leis, são dogmas positivos. Quanto aos negativos, limito-os a um só: intolerância entra nos cultos que já excluímos.

Os que distinguem a intolerância civil e a teológica enganaram-se na minha opinião. As duas intolerâncias são inseparáveis. É impossível viver em paz entre pessoas réprobas. Amá-las seria odiar a Deus que as castiga. É necessário rechaçá-las ou atormentá-las. Onde se admite a intolerância teológica é impossível que ela não produza algum efeito civil,[54] e logo que se apresenta, o soberano não é, pois, nem sequer temporal. Desde o momento em que os sacerdotes são os verdadeiros amos, os reis não são mais do que seus servos.

Quando não há nem pode haver religião nacional exclusiva, devem tolerar-se todas as que toleram as outras enquanto seus dogmas não sejam contrários aos deveres do cidadão. Porém, aquele que ousa dizer, *fora da Igreja não há salvação*, deve ser banido do Estado, a não ser que o Estado não seja Igreja, e que o príncipe não seja pontífice. Um dogma dessa espécie somente é bom num governo teocrático; em outro qualquer é prejudicial. A razão pela qual se diz que Henrique IV abraçou a religião romana deve ser abandonada por todo homem honesto, e especialmente por todo príncipe que saiba raciocinar.

Capítulo IX
Conclusão

Depois de ter estabelecido os verdadeiros princípios do direito político e tratado de fundar o Estado sob sua base, falta apoiá-lo pelas relações exteriores, o que compreende o direito das gentes, o comércio, o direito das guerras e das conquistas, o direito público, as alianças, as negociações e os tratados. Porém isto constitui um novo objetivo muito vasto para minha limitada visualidade. Tive sempre que fixá-la muito perto de mim.

Notas

[1] As sábias indagações sobre o direito público não são, com frequência, senão a história dos antigos abusos, e colhemos péssima impressão acerca disso, quando nos damos ao trabalho de estudá-los em demasia. (*Traité des interêts de la France avec ses voisins*, pelo marquês d'Argenson.) Foi precisamente isso que disse Grócio.

[2] Politic, Liv. I, cap. V.

[3] Veja-se um pequeno tratado de Plutarco intitulado: *Do raciocínio dos animais.*

[4] Os romanos, que conheceram e respeitaram o direito da guerra melhor do que qualquer outra nação do mundo, levaram tão longe o seu escrúpulo nesse sentido, que era vedado ao cidadão servir como voluntário sem se engajar expressamente contra o inimigo, singularmente contra tal inimigo. Uma legião em que Catão, o jovem, fez os primeiros combates debaixo das ordens de Popilius, foi reformada, e Catão, o velho, escreveu a Popilius que, se ele desejasse que seu filho continuasse a servir sob suas ordens, era necessário fazê-lo prestar novo juramento militar porque, sendo nulo o primeiro, ele não poderia mais combater o inimigo. O próprio Catão também escreveu a seu filho ordenando-lhe evitar apresentar-se no campo de batalha sem anteriormente prestar novo juramento. Eu sei que me poderão citar, em oposição a isso, o cerco de Clusium e outros fatos, mas eu menciono leis e usos. Os romanos foram os que menos transgrediram o respeito às suas leis e os únicos que as possuem magníficas.

[5] O verdadeiro sentido desta palavra quase que perdeu tal significação entre os modernos. A maior parte confunde a *cidade* com a povoação e habitante com o *cidadão*, ignorando que as casas formam a povoação e que os cidadãos formam a cidade. Bem caro semelhante erro custou outrora aos cartagineses. Eu nunca li que o título de *cives* houvesse alguma vez sido dado ao súdito de

qualquer príncipe, nem mesmo antigamente aos macedônios, nem em nossos dias aos ingleses, apesar de mais próximos à liberdade do que os outros. Unicamente os franceses tomam como expressão vulgar o titulo de *cidadão,* desconhecendo a ideia exata do mesmo, como podemos ver nos seus dicionários, sem que incorram com esta usurpação no crime de lesa-majestade! Na França, a palavra cidadão exprime, mais do que um direito, uma virtude. Quando Bodin quis falar dos cidadãos e habitantes da Suíça, incorreu em erro crasso, tomando uns pelos outros. D'Alembert não se enganou, tendo distinguido bem, no seu artigo *Genebra*, as quatro classes de homens (cinco, contando os estrangeiros) que existem nas povoações suíças e das quais somente duas constituem a república. Nenhum autor francês, que eu saiba, compreendeu o sentido exato da palavra cidadão.

[6] Sob o ponto de vista dos associados, tomam coletivamente o nome de *povo*, denominando-se particularmente *cidadãos*, como participantes da autoridade soberana, e *súditos*, por estarem submetidos às leis do Estado.

[7] Sob os maus governos esta igualdade é só ilusória e aparente, e não serve senão para manter o pobre na sua miséria e o rico na sua usurpação. Na realidade as leis são sempre úteis aos que possuem e prejudicam aos que nada têm, donde se segue que o estado social não é vantajoso aos homens senão quando todos eles possuem alguma coisa ou quando nenhum deles tem algo em demasia.

[8] Para que uma vontade seja geral, não é sempre necessário que seja unânime, porém necessita da contagem de todos os votos. Qualquer exclusão formal quebra a generalidade.

[9] "Cada interesse", diz d'Argenson, "tem princípios diferentes. O acordo de dois interesses particulares se forma por oposição ao de um terceiro." Pôde o mesmo autor acrescentar que o acordo de todos os interesses se forma pela oposição aos de cada um deles. Se não existissem interesses diversos, apenas apareceria o interesse

comum que jamais encontraria obstáculos: tudo marcharia por si e a política deixaria de ser uma arte.

[10] "Vera cosa é", disse Maquiavel, "che alcune divisioni nuocono alle Repubbliche e alcune giovano: quelle nuocono che sono dalle sette e da partigiani accompagnate: quelle giovano, che senza sette, senza partigiani, si mantengono. Non potendo adunque provedere un fondatore d'una Repubblica che non siano nimicizie in quella, ha da proveder àl meno che non vi siano sette." (*Hist. Florent*, lib. VII)

[11] Meus atentos leitores: suplico-vos que não vos adianteis e não me acuseis de contradição. Não me foi possível evitá-la em seus termos, considerando a pobreza da linguagem, porém, esperai.

[12] Não entendo somente por esta palavra uma aristocracia ou uma democracia, senão em geral, todo governo guiado pela vontade geral, que é a lei. Para ser legítimo não é necessário que o governo se confunda com o soberano, senão que esteja em si o ministrador. Então a própria Monarquia é República. Isto se esclarecerá no livro que segue.

[13] Um povo não se torna célebre senão quando a sua legislação começa a declinar. Ignora-se durante quantos séculos a instituição de Licurgo fez felizes aos espartanos, antes que o seu nome ecoasse no resto da Grécia.

[14] Os que consideram Calvino só como teólogo, conhecem mal a extensão do seu gênio. A redação dos nossos sábios decretos, na qual tomou grande parte, honram-no tanto como a sua *Instituição*. Por grande que seja a revolução que o tempo possa operar em nosso culto, enquanto o amor à pátria e à liberdade não se extinguir, jamais a memória desse homem extraordinário deixará de ser abençoada.

[15] "E veramente" — diz Maquiavel — "mai non fa alcuno ordinatore di legge straordinarie in un popolo, che non ricoresse a Dio; perché altrimenti non sarebbero accettate; perché sono molti

beni conosciuti da uno prudente, i quali non hanno in sé ragioni evidenti da potergli persuadere a daltrui." *(Discorsi sopra la prima Decada di Títo Lívio.* Lib. I, c. XI.)

[16] Se de dois povos vizinhos um não pode passar sem o outro, sobrevirá uma situação muito dura para o primeiro e muito perigosa para o segundo. Toda nação sábia, em tal caso, esforçar-se-á logo em libertar a outra desta dependência. A República de Tlascala, situada no Império do México, prefere viver sozinha a comprar aos mexicanos ou, ainda, aceitar gratuitamente algo deles. Os prudentes filhos de Tlascala viram um laço armado sob esta liberalidade. Conservaram-se livres, e este pequeno Estado, encerrado em tão grande império, foi finalmente o instrumento da sua ruína.

[17] Pretendeis, pois, dar ao Estado consistência? Relacionai os graus extremos tanto quanto for possível: não suporteis gente opulenta nem indolente. Esses dois estados, naturalmente inseparáveis, são igualmente funestos ao bem comum. De um saem os autores da tirania e do outro os tiranos: entre eles se faz sempre o tráfico da liberdade pública, um a compra e outro a vende.

[18] "Um ramo apenas do comércio exterior", disse d'Argenson, "não expande, geralmente, mais que uma falsa utilidade no reino em geral: pode enriquecer a alguns particulares e a algumas cidades, mas a nação inteira nada ganha com ela e o povo não é por isso mais afortunado."

[19] Assim, em Veneza, dá-se ao colégio o nome de *sereníssimo príncipe,* embora o doge não esteja presente.

[20] O palatino de Posnânia, pai do rei da Polônia, duque de Lorena.

[21] Está claro que o vocábulo *optimates,* dos antigos, não queria significar os melhores, senão os mais poderosos.

[22] Importa muito regularmente pôr leis à forma de eleger os magistrados, porque a abandonando à vontade do príncipe, não se pode deixar de cair na aristocracia hereditária, como aconteceu às Repúblicas de Veneza e de Berna. Assim, a primeira é, há tempos,

um Estado dissolvido, porém a segunda se sustenta pela extraordinária sabedoria do seu estado, honrosa, mas prejudicial exceção.

[23] Maquiavel era um homem honesto e um excelente cidadão. Aliado porém à casa dos Medicis, era constrangido, na opressão de sua pátria, a disfarçar seu amor à liberdade. Só a escolha de seu execrável herói (César Borgia), manifesta francamente suas intenções secretas. O confronto das máximas do seu livro *O príncipe* às do seu *Discurso sobre Tito Livio* e às de sua *História de Florença*, demonstra que esse profundo político não teve até aqui senão leitores superficiais e corrompidos. A corte de Roma proibiu severamente a leitura desse livro. Acredito-o, pois é a ela que ele pinta com mais clareza.

[24] Plutarco: "Ditos notáveis de reis e de grandes capitães", § 22.

[25] Tácito, *Hist.*, I — XVI.

[26] *In civili.*

[27] Isto não contradiz o que foi dito anteriormente (Liv. II, cap. IX) sobre os inconvenientes dos grandes Estados, porque ali se tratava da autoridade do governo sobre seus membros, e aqui se trata de sua força contra os súditos. Seus membros, esparsos, servem-lhe de pontos de apoio para agir à distância sobre o povo, porém não há ponto de apoio algum para agir diretamente sobre seus próprios membros. Assim, de certo modo, o comprimento da alavanca produz fraqueza, e de outro, força.

[28] Deve ter-se em conta o mesmo princípio quando julgarmos que séculos merecem preferência na posteridade do gênero humano. Louvou-se muito aos séculos em que floresceram as letras e as artes, sem aprofundar o segredo da sua cultura, sem considerar seu funesto efeito: *Idque apud imperitos humanitas vocabatur, quum pars servitutis esset.* Podemos alcançar o grosseiro interesse que move os autores nas máximas de seus livros? Não, quando, apesar de seu esplendor um país se despovoa, não é verdade que tudo ande bem, e não é bastante que um poeta possua uma renda de cem mil libras

para que seu século seja o melhor. É menos necessário atender ao repouso aparente e à tranquilidade dos chefes que ao bem-estar das nações e, sobretudo, dos Estados mais numerosos. O granizo desola algumas regiões, porém não arrasa todas elas. As sedições, as guerras civis, assustam muito os chefes, porém não causam a verdadeira desgraça dos povos que descansam enquanto os seus tiranos disputam. De um estado permanente é de onde nascem sua prosperidade ou as suas desgraças. Quando tudo fica esmagado sob o jugo, é quando tudo se menospreza, é quando os chefes, fáceis destruidores, *ubi solitudinem faciunt, pacem appellant*. Quando os artifícios dos grandes agitavam o Reino da França e o coadjutor de Paris trazia consigo um punhal no Parlamento, não impedia, isto, que o povo francês vivesse numeroso e feliz numa honesta e livre comodidade. Antigamente, a Grécia progredia no meio das mais cruéis guerras. O sangue corria às torrentes e todo o país estava povoado de gente. Parecia, disse Maquiavel, que no meio das mortes, das proscrições, das guerras civis, a república se tornava mais poderosa: a virtude de seus cidadãos, seus costumes, sua independência tinham mais poder para fortalecê-la do que todas as dissensões para debilitá-la. Um pouco de agitação retempera as almas, e o que faz verdadeiramente progredir a espécie, é menos a paz que a liberdade.

[29] A formação lenta e o progresso da República de Veneza em suas lagunas oferecem um exemplo notável desta sucessão, e é assombroso que depois de 1.200 anos pareçam não estar senão no segundo termo no qual começou os *Serrar li Consiglio* 1198. Com referência aos antigos "ducs", atire-se-lhes ao rosto o *Squilínio della libertá veneta*, e está demonstrado que não foram seus soberanos.

Poderão replicar que a República Romana seguiu, segundo parece, um procedimento contrário, passando da monarquia à aristocracia e desta à democracia. Estou longe de pensar assim.

O que Rômulo estabeleceu primeiro foi um governo misto que degenerou logo em despotismo. Por causas particulares o Estado pereceu antes do tempo, como pode morrer um recém-nascido antes de ter chegado a ser homem. A expulsão dos Tarquínios foi a verdadeira época do nascimento da república, porém não tomou logo uma forma constante porque não se fez senão a metade da obra, não abolindo o patriciado: porque deste modo, ficando a aristocracia hereditária, que é a pior das administrações legítimas, em conflito com a democracia, a forma de governo sempre incerta e flutuante, não se fixou, como tem demonstrado Maquiavel, senão no estabelecimento dos tribunos. Somente então houve um verdadeiro governo e uma verdadeira democracia. De fato, o povo, então, não somente era soberano senão também magistrado e juiz. O Senado era só um tribunal de segunda ordem para temperar ou concentrar o governo, e os próprios cônsules, embora patrícios, embora primeiros magistrados, embora generalíssimos na guerra, não eram em Roma senão os presidentes do povo.

Daí, o governo não segue sua tendência natural e caminha para a aristocracia. Abolindo-se por si mesmo o patriciado, não estava a aristocracia no corpo dos patrícios como em Veneza e Gênova, como no corpo do Senado, composto de patrícios e de plebeus: ainda no corpo dos tribunos, começa a usurpar um poder ativo (porque os nomes não alteram as coisas), quando o povo tem chefes que governam por ele, qualquer que seja o nome que ostentem estes chefes, o governo é sempre uma aristocracia.

Do abuso da aristocracia nasceram as guerras civis e o triunvirato. Sila, Júlio César, Augusto, converteram-se, de fato, em verdadeiros monarcas e, enfim, sob o despotismo de Tibério, o Estado foi dissolvido. A história romana não desmente, pois, meu princípio, antes o confirma.

[30] "*Omnes enin et habentur et dicuntur tyranni, qui potestate utuntur perpetua in ea civitate que libertate usa est.*" (Com. Nep., *in Mittiad.*, n. 8.) É verdade que Aristóteles *(Mor. Nicorr,* liv. VIII, cap. X) distingue o tirano do rei em que o primeiro governa para sua própria

utilidade, e o segundo somente pela utilidade dos súditos, porém, embora todos os autores gregos tomassem, em geral, a palavra tirano noutro sentido, como se vê em Hierão de Xenofonte, de ser certa a diferenciação de Aristóteles, seguir-se-ia que, desde o começo do mundo, não teria existido um único rei.

[31] Mais ou menos, segundo o sentido que se dá no Parlamento da Inglaterra a este nome. A semelhança dos empregos teria ocasionado conflitos entre os cônsules e os tribunos, mesmo se toda jurisdição fosse suspensa.

[32] Adotar nos países frios o luxo e a indolência dos orientais é querer prender-se a correntes, é submeter-se ainda mais do que eles.

[33] É o que me propus fazer na continuação desta obra. Quando eu tratar das relações externas, chegarei às confederações, matéria completamente nova, onde os princípios não estão ainda estabelecidos.

[34] Bem entendido que não seja abandonado para iludir o dever e fugir da pátria no momento em que necessita de seus filhos. A fuga então seria criminosa e punível: isto não seria uma retirada, mas deserção.

[35] Isto deve entender-se sempre num Estado livre porque, por outro lado, a família, os bens, a falta de asilo, a necessidade, a violência podem reter um habitante no país mesmo contra vontade, e então sua permanência não supõe seu consentimento ou conformidade com o contrato.

[36] Em Gênova, lê-se por cima das prisões e nos ferros a palavra liberdade. Esta aplicação da divisa é bela e justa. De fato, somente os malfeitores de todos os países impedem ao cidadão ser livre. Num país onde todos esses homens estivessem nas galés, a liberdade seria perfeita.

[37] O nome de *Roma*, que se pretende originário de *Romulus*, é grego e significa força; o nome de *Numa* é também grego e significa lei... Não é esquisito que os dois primeiros reis dessa cidade tenham possuído nomes que melhor convinham ao que deviam fazer?

[38] *Ramnenses.*

[39] *Tatientes.*

[40] *Luceres.*

[41] Digo ao *campo de Marte*, porque nele se reuniam os comícios centuriados. Nas outras duas formas, o povo reunia-se no *Forum* ou em outra parte qualquer, e então os *capite censi* tinham tanta influência e autoridade como os primeiros cidadãos.

[42] Esta centúria por sorteio chamava-se *prærogativa* por ser a primeira a quem se pedia seu voto; nascendo daí a palavra prerrogativa.

[43] *Custodes, diribitores, rogatores suffragiorum.*

[44] Esta nomeação fazia-se à noite e secretamente, como se se envergonhassem de colocar um homem por cima das leis.

[45] É o que ele não podia arrogar-se propondo um ditador, não ousando nomear-se a si próprio, nem podendo ter certeza de que um seu colega o nomearia.

[46] Apenas indico neste capítulo o que tratei com maior extensão na carta a M. D'Alembert.

[47] Eram eles de uma outra ilha, que a delicadeza da língua francesa impede de citá-la aqui.

[48] "*Nonne quæ possidet Chamos deus tuus, tibi jure debentur*?" Tal é o texto da Vulgata. O P. Carrières traduziu: "Não acreditais ter direito a possuir o que pertence a Chamos, vosso deus?". Ignoro a força do texto hebreu, porém vejo que na Vulgata, Jefté reconhece positivamente o direito do deus Chamos e que o tradutor francês debilita este reconhecimento por um *acreditais ter*, que não está no texto latino.

[49] É evidente que a guerra dos fócios, denominada guerra sagrada, não foi entretanto uma guerra religiosa. Seu fim era punir sacrilégios, e não o de submeter incrédulos.

[50] Deve ter-se em conta que não são tanto as reuniões formais como a da França que unem o clero num corpo, como a comunhão de igrejas. A comunhão e excomunhão são o pacto social

do clero, pacto pelo qual será sempre senhor dos povos e dos reis. Todos os sacerdotes que comungam juntos são cidadãos. Esta invenção é uma obra mestra na política. Nada houve de semelhante entre os sacerdotes pagãos: por isso não fizeram nunca do clero um corpo.

[51] Vede, entre outras, uma carta de Grócio a seu irmão, a 11 de abril de 1643, o que este sábio homem aprova e refuta no seu livro *De Cive*. É verdade que, inclinado à indulgência parece perdoar o autor o bem em favor do mal: mas nem todo o mundo é assim tão clemente.

[52] "Na república", diz o marquês d'Argenson, "cada um é perfeitamente livre no que não prejudica aos outros." Vede o limite imutável que não pode ser fixado exatamente. Não pude resistir ao prazer de mencionar algumas vezes este manuscrito, embora desconhecido do público, para honrar a memória de um homem ilustre e respeitável, que foi, mesmo no ministério, um homem de coração e conservou opiniões direitas e sãs acerca do governo do seu país.

[53] César, polemista para Catilina, tratava de estabelecer o dogma da mortalidade da alma: Catão e Cícero, para refutá-lo, não perderam seu tempo em filosofias, contentaram-se em demonstrar que César falava como mau cidadão e expunha uma doutrina perniciosa ao Estado. De fato, vede de que devia julgar o Senado de Roma, e não de uma questão teológica.

[54] O matrimônio, por exemplo, sendo um contrato civil, tem efeitos civis, sem os quais é impossível que a sociedade subsista. Suponhamos, pois, que um clérigo se atribui o direito de autorizar este ato, direito que necessariamente tem que usurpar em toda religião intolerante. Então, não é evidente que fazendo valer a autoridade da Igreja, resultará vã a do príncipe, que não terá mais súditos que os que o clero tenha por bem dar-lhe? Dono de casar ou não as pessoas, segundo professem tal ou qual doutrina, segundo aceitem ou impugnem tal ou qual formulário, segundo lhe sejam mais ou

menos devotas, comportando-se prudentemente e mantendo-se firmes, não é claro que disporá por si das heranças, das cargas, dos cidadãos, do próprio Estado que não poderá subsistir composto unicamente de bastardos? Dir-se-á, porém, que será chamado de abusivo, decretará, condenará este pelo poder temporal. Tudo inútil. O clero, por pouco que possa, não de valor senão de bom senso, deixará tranquilamente chamar, emprazar, decretar, condenar e terminará sendo o amo. Não é, creio eu, um grande sacrifício abandonar uma parte quando se está certo de ficar com tudo.

Sobre o autor

Jean-Jacques Rousseau foi um dos mais considerados pensadores europeus no século XVIII. Sua obra inspirou reformas políticas e educacionais, e tornou-se, mais tarde, a base do chamado Romantismo. Formou, com Montesquieu e os liberais ingleses, o grupo de brilhantes pensadores pais da ciência política moderna. Em filosofia da educação, enalteceu a "educação natural" conforme um acordo livre entre o mestre e o aluno, levando assim o pensamento de Montaigne a uma reformulação que se tornou a diretriz das correntes pedagógicas nos séculos seguintes. Foi um dos filósofos da doutrina que ele mesmo chamou "materialismo dos sensatos", ou "teísmo", ou "religião civil". Lançou sua filosofia não somente através de escritos filosóficos formais, mas também em romances, cartas e na sua autobiografia.

Sua obra principal é *Do contrato social*, na qual defende a ideia de que o ser humano nasce bom, porém a sociedade o conduz à degeneração. Afirma também que a sociedade funciona como um pacto social, onde os indivíduos, organizados em sociedade, concedem alguns direitos ao Estado em troca de proteção e organização. Além desta obra, escreveu também *Discurso sobre as ciências e as artes*, *Discurso sobre a origem da desigualdade entre os homens*, *Emílio, ou da educação* e *Os devaneios de um caminhante solitário.*

Conheça os títulos da

Coleção Clássicos para Todos

A Abadia de Northanger – Jane Austen
A arte da guerra – Sun Tzu
A revolução dos bichos – George Orwell
Alexandre e César – Plutarco
Antologia poética – Fernando Pessoa
Apòlogia de Sócrates – Platão
Auto da Compadecida – Ariano Suassuna
Como manter a calma – Sêneca
Do contrato social – Jean-Jacques Rousseau
Dom Casmurro – Machado de Assis
Feliz Ano Novo – Rubem Fonseca
Frankenstein ou o Prometeu moderno – Mary Shelley
Hamlet – William Shakespeare
Manifesto do Partido Comunista – Karl Marx e Friedrich Engels
Memórias de um sargento de milícias – Manuel Antônio de Almeida
Notas do subsolo & O grande inquisidor – Fiódor Dostoiévski
O albatroz azul – João Ubaldo Ribeiro
O anticristo – Friedrich Nietzsche
O Bem-Amado – Dias Gomes
O livro de cinco anéis – Miyamoto Musashi
O pagador de promessas – Dias Gomes
O Pequeno Príncipe – Antoine de Saint-Exupéry
O príncipe – Nicolau Maquiavel
Poemas escolhidos – Ferreira Gullar
Rei Édipo & Antígona – Sófocles
Romeu e Julieta – William Shakespeare
Sonetos – Camões
Triste fim de Policarpo Quaresma – Lima Barreto
Um teto todo seu – Virginia Woolf
Vestido de noiva – Nelson Rodrigues

Direção editorial
Daniele Cajueiro

Editoras responsáveis
Ana Carla Sousa
Janaina Senna

Produção editorial
Adriana Torres
Júlia Ribeiro
Laiane Flores
Mariana Oliveira
Anna Beatriz Seilhe

Revisão
Bárbara Anaissi
Luana Balthazar

Capa
Sérgio Campante

Diagramação
Henrique Diniz

Este livro foi impresso em 2022
para a Nova Fronteira.